T0270324

15 MIRADAS a la AMISTAD

Astrid Isaza S., Juan Pablo Moreno, Lola Pastor,
Raquel Asenjo Dávila, Shirley Catherine Rodríguez H.,
Alejandra Beigbedere, Montse Gilabert Seguí,
Evita Camila, Viktòria Toya, Ana Cárcar, Mónica López,
Ana María Rotundo, Céline Kristell, Alba Llorens
y José Luis Álvarez.
Prólogo de Rubén Turienzo

Editorial Arcopress • Desarrollo Personal

Dirección editorial: Pilar Pimentel
Edición: Rebeca Rueda
Diseño y maquetación: Fernando de Miguel

www.editorialalmuzara.com
pedidos@almuzaralibros.com - info@almuzaralibros.com

Editorial Almuzara
Parque Logístico de Córdoba. Ctra. Palma del Río, km 4
C/8, Nave L2, nº 3. 14005 - Córdoba

Imprime: Gráficas La Paz
ISBN: 978-84-10520-67-7
Depósito Legal: CO-2169-2023
Hecho e impreso en España - *Made and printed in Spain*

«En la amistad aprendemos a mirar con los ojos de otra persona, a escuchar con sus oídos, y a sentir con su corazón»

Alfred Adler

Índice

PRÓLOGO

La amistad, como la belleza, es un concepto tan antiguo como la humanidad misma y, sin embargo, siempre parece fresco y relevante en cada generación. Este es el vínculo elegido, aquel que no está predeterminado por la sangre o la ley, pero que es, en muchos aspectos, más fuerte que ambos.

El libro que tienes en tus manos es un tapiz ricamente hilado de reflexiones sobre este fenómeno universal. Quince autores, cada uno con su voz única y perspectiva individual, han profundizado en la esencia de la amistad, proporcionando quince ventanas únicas desde las que observar esta relación preciosa y esencial.

La amistad es el tema de innumerables canciones, novelas, poemas y películas; su valor es incalculable en la vida personal de todos, y, aun así, su importancia a menudo queda en segundo plano en la literatura científica. Pero la ciencia no se ha quedado completamente al margen en la exploración de la amistad. Las neurociencias, por ejemplo, han comenzado a descubrir cómo los lazos de amistad pueden influir en la estructura y el funcionamiento de nuestro cerebro.

Investigaciones recientes sugieren que nuestras relaciones sociales y, en particular, nuestras amistades pueden tener un impacto significativo en nuestra salud física y mental. Un estudio de 2016 de la Universidad de Oxford encontró que las personas con una red social más amplia de amigos tienen mayores niveles de endorfinas, los químicos cerebrales asociados con la felicidad y el alivio del dolor. La amistad, al parecer, no es solo un concepto emocional o filosófico, sino una experiencia que afecta a nuestras vidas de maneras concretas y cuantificables.

Pero la amistad no se puede reducir a meras cifras y análisis científicos. También existe en el ámbito de lo inefable y lo poético. Y es aquí, en este espacio más grande que la ciencia, donde la amistad florece de verdad. La poesía ha tratado de capturar la esencia de la amistad desde los tiempos de Homero, y aún hoy continúa siendo una fuente inagotable de inspiración.

La amistad es la chispa en la noche, el faro en la tormenta, el hilo que nos une en los momentos de alegría y de dolor. Es un vaso de agua en el desierto, una brújula cuando estamos perdidos, una melodía en el silencio. Como describe un poeta, «la amistad es el oro del tiempo».

Este libro es un homenaje a esa chispa, a ese faro, a ese hilo, a ese vaso de agua, a esa brújula, a esa melodía. Es un homenaje a la amistad. Aquí encontrarás quince reflexiones, cada una distinta, pero todas resonando con la misma verdad: que la amistad, en todas sus formas y manifestaciones, es un elemento esencial de nuestra humanidad.

Cada capítulo de este libro es una joya en sí mismo, cada uno arroja una luz particular sobre la multiplicidad de experiencias que constituyen la amistad. Desde el compañerismo tranquilo y constante hasta el feroz apoyo en tiempos de crisis; desde la risa compartida hasta las lágrimas derramadas juntas; desde las conversaciones trascendentales hasta los cómodos silencios; encontrarás aquí un abanico de experiencias humanas que reflejan la diversidad y profundidad de la amistad.

La amistad, al igual que la vida, es un viaje. No es estática, sino que evoluciona y se transforma con el tiempo. Puede que comience como un brote pequeño y delicado, pero con el transcurso de los años, y con la nutrición adecuada, puede crecer hasta convertirse en un árbol grande y robusto, cuyas ramas se extienden para ofrecer sombra y refugio.

No hay dos amistades iguales, y eso es parte de su encanto. Al igual que las huellas dactilares, cada amistad lleva su propio patrón distintivo, su propia singularidad. Algunas son hondas y duraderas; otras son breves, pero intensamente brillantes. Algunas se mantienen constantes a lo largo de los años, mientras que otras cambian y se adaptan, reflejando el flujo y reflujo de la vida misma.

Lo que todas las amistades tienen en común, sin embargo, es su capacidad para enriquecer nuestras vidas, para proporcionar un sentido de conexión y pertenencia, para alegrar los días más oscuros y agregar un brillo extra a los momentos de alegría.

Este libro celebra todas las formas de amistad, en todas sus gloriosas y a veces desafiantes facetas. Cada capítulo te invita a pensar, a recordar tus propias experiencias, a valorar las amistades que han dejado su huella en tu vida.

Al adentrarte en estas páginas, te encontrarás sumergido en un mundo de emociones y pensamientos, cada uno tan variado y único como los autores que los han plasmado aquí. Tal vez te identifiques con algunos, tal vez te desafíen otros, pero esperamos que todos te den la oportunidad de madurar el valor inestimable de la amistad.

La amistad es un regalo. Es un bálsamo y un desafío, una alegría y una responsabilidad. Al final, la amistad nos define y nos da forma de maneras que pocas otras cosas pueden hacerlo. En su esencia, nos recuerda lo que significa ser verdaderamente humanos.

Espero que este libro te ofrezca no solo una rica tapicería de ideas y pensamientos, sino también un espejo en el que puedas ver reflejadas tus propias experiencias y emociones. Y sobre todo, deseo que te sirva de recordatorio del extraordinario valor de la amistad.

Porque, como dijo un día el poeta Ralph Waldo Emerson, «la única manera de tener un amigo es ser uno». En este espíritu, te invito a abrir este libro y a bucear en las maravillosas, variadas y a veces enigmáticas aguas de la amistad.

La amistad es un lienzo sobre el cual pintamos los colores de nuestra vida, un lienzo que a veces se mancha y se desgasta, pero que siempre puede ser restaurado con amor y paciencia. La amistad es el telar en el que tejemos los hilos de nuestras experiencias, creando un tapiz de recuerdos y sentimientos que llevamos con nosotros en nuestro caminar a través de la vida.

La amistad es una fuerza fundamental, tan esencial como el aire que respiramos y el agua que bebemos. Es el cimiento sobre el que construimos nuestras vidas, el hilo que une todas nuestras experiencias y recuerdos.

Los autores de este libro han plasmado sus pensamientos y sentimientos sobre la amistad en palabras, creando una colección de ensayos que son al mismo tiempo íntimos y universales. Cada uno de estos escritores ha explorado la amistad desde su propia perspectiva única, proporcionando una visión multifacética de este complejo y fascinante tema.

Han meditado sobre las alegrías y desafíos de la amistad; han ahondado en sus propias experiencias, y han investigado las muchas formas en que la amistad se manifiesta en nuestras vidas. Han analizado la amistad desde un punto de vista psicológico, sociológico, histórico y filosófico, y han estudiado su impacto en términos de salud, bienestar y felicidad.

Con este libro en tus manos, te invito a embarcarte en este viaje, a sondear el rico y variado paisaje de la amistad. Te animo a abrir tu mente y tu corazón a las maravillas de la amistad; a apreciar su belleza y su importancia, y a aplaudir las muchas formas en que la amistad puede enriquecernos interiormente.

Explora, aprende y, sobre todo, celebra la majestuosidad y la riqueza de la amistad. Sumérgete en este mar de relatos y elucubraciones. Déjate llevar por las palabras de estos geniales autores; permítete arroparte por sus historias y experiencias. Reflexiona sobre las amistades que has tejido a lo largo de tu vida, los lazos que has construido y aquellos que, quizá, has perdido en el camino.

El conjunto de estos textos es un canto a la amistad, un regocijo en su existencia y un reconocimiento de su papel esencial en nuestro desarrollo personal. Con cada página que gires, deseo que te sientas un poco más conectado a aquellos que llamas «amigos» y que sientas la profundidad y la pureza de estos vínculos que nos unen en nuestra travesía por la vida.

En última instancia, este libro es una celebración. Una celebración de las alegrías, las risas, las lágrimas, los secretos compartidos y los momentos vividos que conforman la amistad. Una celebración de los vínculos que nos unen, de los lazos que nos definen y que nos hacen humanos. Porque la amistad no es solo un aspecto de nuestras vidas, sino el espejo en el que vemos reflejada nuestra propia identidad. Es el hilo que nos une, el puente que nos conecta, el faro que nos guía a través de la oscuridad.

Bienvenido, bienvenida a este viaje de descubrimiento, abstracción y aclamación. Bienvenido a un mundo de amistad.

RUBÉN TURIENZO

PARTE 1:
LA AMISTAD
ES UN TESORO

Un amigo, una amiga es alguien que se elige y con quien se recorren los caminos, los atajos y los vericuetos de la vida.

Soltar

Nosotros y también nuestros antepasados pueden dar fe, podemos dar fe, de cientos de experiencias donde la amistad fue un rescate.

El pacto

Lo que no puede faltar y que será parte de la vida.

En la mochila de la vida

SOLTAR

«Un amigo fiel no tiene precio, su valor es incalculable».

«Un amigo fiel es un refugio seguro, quien lo encuentra
ha encontrado un tesoro» (Eclo.6, 14s).
Ben Sira

Amistad por utilidad

A lo largo de mi vida he tenido todo tipo de amigos: de infancia, de adolescencia y de adultez. No han sido los amigos que sueles tener desde que empiezas la escuela, puesto que he tenido una vida nómada. Desafortunadamente, la vida no me ha dejado otra elección al ser hija de una madre viuda, indígena, medio analfabeta y con pocos recursos. Perla se llamaba mi madre. Una mujer de baja estatura, delgada, con un cabello negro azabache que le llegaba hasta la cintura, piel trigueña, ojos un poco achinados de color marrón y facciones delicadas. No era la típica indígena de raza emberá.

Mi padre, que se llamaba Iván, era un hombre de raza blanca, cabello rubio y ojos verdes, de ascendencia rusa. Me cuenta mi madre que yo era la niña de sus ojos. Cuando él falleció, yo tenía dieciocho meses, y mi hermano, cinco años. Con su muerte, la vida nos cambió. Mi madre se vio completamente sola, sin trabajo y con dos niños pequeños. Los «amigos» de mi padre solo querían aprovecharse de ella; las «amigas», en parte, se alegraron de su desgracia, pues ella era demasiado india para un hombre como él. Solo recibió ayuda por parte de un hermano de mi padre. Para colmo, mi progenitor no se había divorciado legalmente, de modo que la pensión la recibió su exmujer. Mi madre no podía estar en peor situación. Tuvimos que irnos a vivir a un inquilinato. Menuda responsabilidad para una persona en sus circunstancias. Se sentía muy desolada. La propietaria del edificio, al darse cuenta de su situación, le propuso trabajar para ella limpiando el inmueble y atendiendo un bar. La señora no tenía hijos y se encariñó con nosotros. Nos cuidaba mientras mi madre trabajaba. Narcisa, así es como se llamaba, fue de gran ayuda para mi madre. Allí aprendió a sumar, restar y multiplicar. Aunque mi padre ya le había enseñado a leer, mejoró su lectura. La belleza de mi madre despertaba interés en los hombres y envidia en las mujeres. Narcisa y ella se ayudaron mutuamente. Al cabo de cuatro años, mi madre conoció al padre de mis otras dos hermanas y nos cambiamos de casa y de barrio.

Aristóteles, en su libro *Ética a Nicómaco,* habla de la amistad por utilidad: en este tipo de amistad, las dos personas están involucradas, no por afecto, sino porque reciben algún beneficio. Esta amistad no es permanente, suele deshacerse cuando los beneficios se agotan. Aristóteles observó que este tipo de amistad solía darse con más frecuencia en adultos. Se trata de una amistad imperfecta, con valor instrumental, puesto que se quiere a la otra persona porque nos es útil.

Amistad virtuosa

Al empezar la escuela primaria, era una niña tímida e introvertida. Al principio, hice el esfuerzo de relacionarme con mis compañeros, eran las profesoras las que me animaban a hacerlo. Cuando estaba adaptándome, mi madre se separó de su pareja. Cambiamos nuevamente de casa y de escuela. Ese año me quedé sin estudiar, pues mi madre tenía que trabajar, y yo, cuidar de mis dos hermanas. Al final, me hice amiga de Francia, una chica de ojos grandes y expresivos, cabello negro rizado y piel blanca. Para nada tímida, fue ella quien se acercó a mí y empezó a preguntarme de dónde venía y por qué no iba a la escuela. Estuve dos años en casa cuidando de mis hermanas. Francia venía todos los días y jugábamos con las peques, ella me ayudaba a cambiar pañales y a darles de comer para que termináramos rápido y poder leerme los libros de cuentos que traía de su casa. Yo viajaba con sus historias. Nos sentábamos en el balcón del quinto piso, donde yo vivía, para ver cómo poco a poco el sol iba desapareciendo por detrás de las montañas. Por las noches, nos acostábamos en el suelo a mirar el cielo estrellado y a pedir deseos a alguna que otra estrella fugaz.

Su padre le prohibió ir a mi vivienda porque allí vivían mujeres sin esposos, y eso era muy mala influencia para ella. Yo estaba muy triste, la veía desde el balcón. Ella se sentaba sola, en la esquina de la calle, miraba hacia mi casa y alzaba sus hombros como queriendo decirme que lo sentía mucho. Una mañana me despertó una fuerte sacudida. Era ella, feliz y sonriente, diciéndome que no iba a permitir que su padre nos separara. Que había hablado con su madre y que la dejaba ir a mi casa a escondidas de su padre.

Entré a la escuela con dos años de retraso y ella me ayudaba a hacer los deberes, ya que tenía que estudiar y cuidar de mis hermanas. Francia contribuyó en gran parte a que, durante los años que viví en ese barrio, mi vida fuera más bonita. Compartimos cosas maravillosas, le encantaba hacerme trenzas porque yo tenía el cabello muy largo. Me decía: «Te hago las trenzas para que no te peguen los piojos en la escuela. Mi madre me las hace por la misma razón». Me animaba a que le prestara atención a Javier, el vecino que quería ser mi novio, pero yo no tenía ni edad ni tiempo para noviecitos; además, mi madre era muy estricta al respecto. Ella trabajaba hasta muy tarde y le daba miedo que me fijara en un chico y lo metiera en casa mientras ella no estaba. Con la edad que yo tenía, era peligroso, pues ya era una mujercita. No salía con las amigas como la mayoría de las chicas de mi edad, mi madre tenía mucho miedo debido a sus malas experiencias. En ese periodo, entre los trece y catorce años, mi madre se enamoró de nuevo y nos dijo que su nueva pareja venía a vivir con nosotros. ¡Bingo! Tuvimos otro hermanito, ya éramos cinco. Mi amiga Francia seguía ayudándome en casa y con mis deberes, e insistiendo para que aceptara a Javier. A mis quince años me di el primer beso con Javier, obviamente a escondidas de mi madre. Con cargo de conciencia, decidí contárselo a mi progenitora. Fue como lanzar una bomba. ¡Madre mía! Ella ya estaba considerando la posibilidad de irse a su pueblo natal, y esa noticia aceleró la decisión de marcharnos. Hasta ahí llegó mi amistad con Francia.

Era difícil continuar en contacto, pues el pueblo estaba a ocho horas de viaje y, encima, la relación era a escondidas. Solo Dios sabía si volvería a ver a mi amiga.

Amistad virtuosa: «La amistad virtuosa es la de los hombres de bien y semejantes en virtud. La amistad genuina es duradera y sólida, porque está fundada en la confianza, se desean el bien los unos a los otros, y son buenos por sí mismos y no accidentalmente. Con razón, pues, una amistad como esta es la que dura, porque contiene en sí todas las cosas que ha de haber entre amigos» (Ética a Nicómaco, libro 8).

Amistades por placer

Ya cansada de rodar por el país, mi madre decidió que nos mudábamos de Medellín a Chigorodó, y anunció que nos quedaríamos allí definitivamente. Yo estaba feliz porque mis tres primas, Tati, Denia y Diana, que tenían entre catorce y diecisiete años, vivían allí. Como llegamos a mitad de año, no pude matricularme en el colegio, pero sí en el grupo de teatro en el que estaba mi prima Tati. Empecé a conocer gente de mi edad y me dejaban salir más que en Medellín. Tati, que era la mayor, nos llevaba en bicicleta a las tres. ¿Se pueden imaginar cómo íbamos cuatro personas en una bici? Tati, pedaleando; Diana, sentada en la barra; Denia, en el manubrio, y yo, de pie, apoyada en los estribos de la rueda trasera, recorríamos el parque del pueblo en esa pobre bici. Era divertidísimo.

Empecé a asistir a las clases de teatro y allí conocí a Fernando, un chico de cabello largo rizado, ojos negros y densas pestañas, que siempre vestía todo de negro. Tocaba la guitarra y le encantaba la música *metal*. Tenía diecinueve años. Iba allí a alfabetizar a los campesinos. Eran clases nocturnas, me dejaban ir porque me acompañaba mi prima Tati. Cuando lo vi por primera vez a través de una ventana, me paré a mirarlo y le pregunté a mi prima por él. Me dijo que era un chico muy popular en el colegio, que también estaba en el grupo de teatro y que no tenía novia, cosa que me alegró mucho. Poco a poco fui perdiendo la timidez y relacionándome con muchas más personas de mi edad. Fernando le pidió permiso a mi madre para cortejarme, y nos veíamos los fines de semana en mi casa. Me dejaban salir con él a montar en bicicleta hasta que llegó el momento de la famosa prueba de amor (para demostrarle a tu novio que lo amabas, le entregabas tu virtud). Mi madre se enteró y me dijo que tenía que casarme o irme de casa. Fernando habló con su madre y decidieron que éramos muy jóvenes para casarnos; entonces, me fui a vivir con ellos. A las semanas de estar en esa casa, me di cuenta de quién era realmente Fernando y cuáles eran sus verdaderas intenciones, pero ya era tarde para dar marcha atrás: estaba embarazada. Tuve que retirarme del colegio. Fue una mala experiencia la convivencia en aquella casa. Hablé con mi madre y me recibió de nuevo, ya con un bebé en brazos y apenas dieciséis años. Empecé a trabajar para poder hacerme cargo de los gastos que generaba el niño y poder ayudar en casa. Fernando nunca se hizo cargo de su hijo. Lo que, para mí, era amor, para él, era un juego. Era solo placer.

Amistades por placer: según Aristóteles, se da con más frecuencia en los jóvenes y pueden ser cortas, ya que son siempre las mismas personas las que ofrecen placer. Este tipo de amistad implica en muchos casos una relación entre dos varones. Aristóteles no es muy explícito en el tema de la homosexualidad. Él cree que hay dos tipos de ella. Por un lado, de una inclinación y, por otro, de la costumbre de un abuso violento (Ética a Nicómaco, libro 8).

Amistad por interés

Empecé a trabajar en una pizzería del pueblo llamada Eros, donde conocí a personas de todo tipo, pero ninguna amistad estrecha. Un día me presentaron a una chica de Medellín, Clara, que estaba de vacaciones en el pueblo. Tenía diecisiete años, pelirroja, con unos rizos que le llegaban a la mitad de la espalda y adornaban un hermoso rostro ovalado lleno de pecas; alta y con un físico de infarto. Todos los chicos del pueblo querían algo con ella. Su llegada causó furor, pues era un pueblo muy pequeño y allí se conocían todos. Clara y yo teníamos una amiga en común. Le dije que, cuando estuviera aburrida, fuera a visitarme a la pizzería, y así lo hizo. Iba todos los días a primera hora de la tarde, cuando yo tenía poco trabajo y podíamos conversar. A los dos días de conocerla, ella discutió con Diana y se trasladó a mi casa. Estuvo allí durante las dos semanas que le quedaban de vacaciones. A mi madre no le hacía mucha gracia, decía irónicamente que era muy pija, porque no bebía el café en tazas de plástico y dormía hasta muy tarde. «Esa chica no me gusta», dijo mi madre, pero, bueno, a mí me caía bien. Terminaron sus vacaciones y regresó a Medellín.

Hablábamos de vez en cuando por teléfono, teníamos mucha complicidad, y empecé a considerarla una amiga. Pasé por alto cosas realmente importantes al entregarme a esa relación, como, por ejemplo, el entorno sociocultural, ya que ella venía de una familia de cuatro hijos, estructurada, con un padre trabajador que procuraba que no les faltara nada, una madre que se dedicaba a criar a sus hijos y unos hermanos que habían estado siempre unidos. Su hermana mayor estaba en la universidad. Sus amistades en la ciudad no tenían nada que ver con nosotros, los del pueblo: éramos diferentes.

Empecé a pensar que en el pueblo no tenía futuro, y menos con un hijo. Así que hice mis maletas y me fui a Medellín con mi prima Tati, en busca de un futuro mejor. Nos hospedamos en casa de una tía de Tati. Conseguí trabajo en una fábrica de confecciones y una tía de mi madre me cuidaba al niño. Al poco tiempo tuve que irme de esa casa, pues la señora tenía dos hijos adolescentes con las hormonas alborotadas y no quería problemas. No tenía adónde ir, pero, como seguía en contacto con Clara y ya conocía a sus padres, ella me ofreció su casa mientras encontraba un sitio para quedarme. Me mudé a su casa, y todo iba muy bien hasta que su madre empezó a hacer comparaciones conmigo porque me levantaba temprano para dejar recogido todo antes de ir al trabajo y, cuando regresaba, la ayudaba en los quehaceres de la casa y a preparar la cena. Era una chica comedida, todo lo contrario a Clara. Ella era perezosa y contestona. Para mí, era comprensible su comportamiento, pues habíamos recibido una educación muy diferente. A nosotros nos inculcaron la disciplina, el respeto por los demás, por la familia y las amistades. Mi madre no toleraba la pereza ni las pataletas. Clara era la típica chica a la que le gustaba la marcha, los chicos y llamar la atención. Yo era más tranquila y además, con un hijo, tenía que pensar muy bien las cosas que hacía. Me convenció para que les pidiera permiso a sus padres para que nos dejaran salir juntas. Ellos confiaban en que, si Clara salía conmigo, no iba a hacer nada indebido, pues yo no salía con nadie los fines de semana, no me interesaban los chicos, estaba centrada en el trabajo y en mi hijo. Al principio, accedí, pero no podía hacerlo siempre porque me levantaba muy temprano. Además, ese no era el tipo de vida que me gustaba, ni tampoco sus amistades. La mayoría de las veces me quedaba en un parque esperándola hasta que terminaba la fiesta para regresar juntas. Pero eso no duró mucho, sus padres me pidieron que me fuera de su casa porque consideraban que era una mala influencia para su hija. Los había defraudado y no podía hacer nada más que aceptar su decisión. Me marché a una habitación de alquiler cerca de su casa, un inmueble vacío; cuatro paredes con baño, esa era mi nueva casa. ¿Cómo iba a dormir allí? Clara me llevó su única mantita de lana, fue un detalle muy bonito de su parte. Me pidió las llaves y, cuando regresaba del trabajo, encontraba un *tupperware* con comida que ella sacaba a escondidas. Yo seguía yendo primero a su casa y, cuando estábamos sentadas en el sofá, Clara abría mi bolso como una niña cuando sabe que su madre le trae golosinas. Sabía que le gustaba el *manimoto* (cacahuete recubierto) y todos los días le llevaba un paquetito. Su madre se reía y decía que parecía una niña caprichosa. Nos íbamos caminando hasta mi habitación, que quedaba cruzando el puente, y se quedaba conmigo hasta que me iba a dormir y luego regresaba a su casa. Así, todos los días. Ella continuaba saliendo con sus amigas cada vez que su madre la dejaba, y los domingos íbamos juntas a ver a mi hijo. Él permanecía toda la semana con la tía Marina, ya que no podía tenerlo conmigo. Clara era mi mejor y única amiga, la quería como a una hermana. Nos contábamos todo, soñábamos juntas. Nunca había compartido tantas cosas con nadie, la amaba desde lo más profundo de mi corazón, incluso solíamos decir que éramos como Thelma y Louise.

Cuando mi hijo cumplió seis años, pedí traslado a Bogotá. Allí conocí a Felipe, un español con el que me casé. Me retiré de la fábrica de confecciones y empecé a trabajar con él en su empresa de artes gráficas. Por fin tenía una familia, mi familia, con un marido que me amaba y amaba a mi hijo. Era muy feliz. Yo continuaba en contacto con Clara, que tuvo un hijo y planeaba irse a Estados Unidos con su pareja. Cuando viajó a la capital para hacer los trámites del visado, se hospedó en mi casa. Mi marido la atendió muy bien, pues sabía el afecto que nos unía. Estuvo con nosotros una semana, la llevamos a conocer varios pueblos de Cundinamarca y al cerro de Monserrate, hasta que regresó a Medellín y me llamó para felicitarme por la familia tan bonita que había formado.

A finales de 1999 tuvimos que trasladarnos a España por motivos familiares. Al poco tiempo de estar allí, Clara se separó de su pareja y me pidió ayuda para entrar en España. Yo le comenté lo sucedido a Felipe y preparamos todo para su llegada, a pesar de que a él no le gustaba mi amiga, pues, cuando la conoció, me dijo: «Esa chica no es tu amiga». La mayoría de las personas que la conocían me decían lo mismo, pero a mí no me importaba su opinión, ella era mi única y mejor amiga, y no permitía que nadie se metiera en nuestra relación.

Alquilé una habitación en el mismo edificio donde yo vivía, le hacía la compra y le daba todo a la espera de que encontrara un trabajo. Pero ella no sabía hacer nada, y mi marido empezó a preguntarme que cuánto tiempo pensaba mantenerla. Tuve que hablar con ella y me dijo que regresaba a Colombia porque no estaba dispuesta a trabajar más de quince horas diarias, como hacía yo. Al final, conoció a una persona que la ayudó económicamente y decidió quedarse. Por medio de esa persona empecé a darme cuenta de quién era ella en realidad o en quién se había convertido. Mi amiga del alma era mentirosa, manipuladora, interesada, envidiosa, con doble personalidad, y tenía muy claro qué había venido a hacer a España. Pero eso no me importaba, yo la quería así. Ella empezó a relacionarse con gente del mundo nocturno y entró en una espiral de la que era difícil salir; aumentó de peso, se dio a la bebida y salía con chicos diferentes cada semana. No escuchaba consejos, a pesar de que yo estaba constantemente ahí intentando que dejara ese ritmo de vida. Mi madre siempre decía: «Si tienes una amiga, la aceptas con defectos y virtudes; debes aceptarla como es. Si no la quieres así, es mejor que no estés con ella».

Mi matrimonio con Felipe terminó al año de estar en España. Caí en una depresión de caballo, pero ahí estaba ella. Mi amiga me acompañó en ese duro proceso y se tranquilizó un poco. Empezó a dejar de lado los malos hábitos. Comencé a salir con ella los fines de semana y me di cuenta de que la vida continuaba. En ese periodo, en la discoteca Joy Eslava de Madrid, conoció a su actual pareja y padre de su hija. Un chico italiano de traje y corbata, un comerciante, de quien al final se descubrió que no era italiano, no era comerciante y tampoco se llamaba como dijo. Resultó ser una relación tóxica que la llevó a hacer cosas inimaginables. Al poco tiempo conocí a Félix, un chico agricultor de Toledo. Ella se reía de mí y decía con ironía: «Has tenido que venir a España para sembrar patatas». Hacía bromas de muy mal gusto con respecto a mi pareja, y eso me dolía, pero no le daba mucha importancia, yo estaba a gusto, y eso era lo que me importaba. La familia de Félix nos apoyó para comprar un piso en Madrid y nos fuimos a vivir juntos. Los veranos nos íbamos a Recas, donde él tenía sus tierras. Me retiré del hotel donde trabajaba y me dediqué a ayudarlo. Me gustaba la vida que tenía en el campo, mi pareja, mi nueva realidad. Pero mi amiga era cada vez más infeliz. Cuando me llamaba llorando de madrugada por problemas con su novio, yo iba a por ella y su hija. Tanto si estaban en Madrid como si estaban en el pueblo, no me importaba, cogía el coche e iba a por ellas. Eso me trajo muchos problemas con mi pareja. A Félix tampoco le gustaba mi amiga, decía lo mismo que todo el que la conocía. Pero le dejé claro que no quería que se metiera en eso, que tenía que respetar mi relación con ella. No iba mucho a su casa porque su pareja no me quería. Después me enteré de que ella no hablaba bien de mí. Todo lo que ella hacía fuera de su casa me lo atribuía a mí.

Yo pintaba por *hobby*, le regalaba los cuadros y me decía que no los firmara. Le regalaba, además, las conservas que yo hacía. Un día, me presenté en su casa por sorpresa y vi los cuadros firmados con su nombre, y la decoración era igual que la mía: los mismos jarrones, los mismos colores de muebles… Llegó su marido y me ofreció algo de comer; entonces, sacó de la alacena los frascos con las conservas que preparaba su chica. La miré y ella no supo cómo reaccionar. Me quedé callada y, por el curso de la conversación con él, empecé a comprender por qué yo no le caía tan bien. No quise darle mucha importancia al asunto porque sabía cómo era mi amiga, aunque esas cosas me cogieron por sorpresa. Le comenté todo a una excompañera del hotel que estaba estudiando Psicología y me aconsejó alejarme de ella. Empecé a distanciarme y, aunque Clara lo notó, no insistió.

«Solo las buenas personas pueden ser verdaderos amigos. Es cierto que las personas de escasa fibra moral pueden tener amigos, pero solo podrán ser amigos de conveniencia por la simple razón de que la auténtica amistad exige confianza, sabiduría y bondad básica. Los tiranos y canallas se utilizan unos a otros, igual que utilizan a las buenas personas; sin embargo, nunca encontrarán la verdadera amistad» (Cicerón, 2, *El arte de cultivar la verdadera amistad*).

Félix y yo compramos un chalé en Recas y nos trasladamos definitivamente. Clara y yo nos veíamos muy poco, pero hablábamos todos los días por teléfono. Me dijo que el padre de su hijo se lo llevaba a Estados Unidos, y que no sabía cuándo lo volvería a ver. Llevaba ya cinco años en España y lo había dejado con tres o cuatro añitos, ya no lo recuerdo. Yo soy madre, y eso me partió el corazón, así que le presté todos mis ahorros para que fuera a despedirse de su hijo. Le advertí que ese dinero era todo lo que tenía, que, por favor, me lo pagara al regreso. Ella tenía amigos que le daban dinero para ayudarla con sus gastos, así que podría pagarme poco a poco si quería.

Regresó de Colombia, pasaba el tiempo y nada del dinero. Así que se lo pedí, y la respuesta fue: «No tengo dinero, ¿qué quieres que haga, de dónde lo saco?». No contenta con eso, me amenazó con hacerle daño a mi hijo. No puedo describir lo que sentí en esos momentos: quedé en *shock*. No podía creer lo que estaba escuchando de la boca de mi mejor amiga; esto parecía la «crónica de una muerte anunciada». Me lo habían advertido y no quise escuchar ni ver lo que había dentro de ella. Se lo conté a mi pareja y él me dijo: «Aléjate de esa tía definitivamente y olvídate del dinero». Eso hice. Intentó hacer las paces pidiéndome perdón y diciéndome que no hablaba en serio, pero yo la conocía bastante bien y sabía lo que era capaz de hacer. Le di fin a una amistad que duró dieciocho años. No quise volver a saber nada de ella. Tuve que soltarme, tuve que despegarme de esa persona. ¿Soltar duele? ¡Claro que sí! Porque se va una parte de ti. «Sentir dolor no es lo mismo que sufrir». Viví el luto de la pérdida porque estaba enterrando a mi mejor amiga. Lo aquí expuesto es solo un pequeño resumen de todas las cosas que vivimos juntas.

«Debemos elegir a nuestros amigos con precaución. Al iniciar una amistad es necesaria la prudencia. Aunque solo sea por lo doloroso que resulta terminarla cuando el amigo no resulta ser lo que creíamos. Hay que tomarse el tiempo que haga falta, actuar con calma y descubrir qué hay en el fondo del alma de la otra persona antes de entregarle esa parte de nosotros mismos que la verdadera amistad exige» (*El arte de cultivar la verdadera amistad,* Cicerón, 3).

Las amistades pueden tener un gran impacto en nuestra salud y bienestar, aunque no siempre sea fácil desarrollarlas o mantenerlas.

Los amigos pueden ayudarte a celebrar los buenos momentos y brindarte apoyo durante los malos, además de prevenir el aislamiento y la soledad. También te dan la oportunidad de acompañarlos a ellos. Pero ni todas las amistades están sustentadas por los mismos cimientos ni nosotros nos comportamos igual con unos que con otros.

Cuando hablamos de amistad, podemos decir que existen cuatro grandes bloques de amigos. La psicóloga Irene López Assor, autora de *El secreto de las patatas y 10 obstáculos que te impiden ser feliz,* indica que están los protagonistas o líderes, los protectores, los que van a su aire y los tóxicos.

Para descubrir qué tipo de amigo eres, Irene López propone esta prueba de diez preguntas:

1. **¿Cómo actúas cuando un amigo pasa por un mal día?**
   a) Hago todo lo posible para estar disponible para esa persona, aunque tenga mucho que hacer.
   b) Llamo enseguida y le cuento algo divertido para que se distraiga.
   c) Mando un mensaje con «Si necesitas algo, aquí estoy».
   d) Me enfado mucho con la situación que le ha provocado el malestar.

2. **Por regla general. Tus amigos acuden a ti por:**
   a) Soy el mejor para hacer planes divertidos.
   b) Soy el que mejores consejos doy.
   c) Soy el que mejor sabe escuchar.
   d) No considero ser tan importante para la otra persona.

3. **Tu amigo se relaciona con alguna persona de manera más íntima y a ti no te gusta ni un pelo. ¿Qué haces?**

a) Le comento sin cortarme las cosas que no me gustan y las razones por las que debería alejarse de esa persona.

b) Si mi amigo está feliz, yo también, aunque esté pensando todo el tiempo que esa persona le va a hacer sufrir.

c) Me encaro con mi amigo y le impongo mi opinión para que sí o sí se aleje de esa persona.

d) Me dan igual las personas que compartan su vida y no me meto.

4. ¿Con cuáles de estas características te identificas más?
a) Soy fuerte y divertido.
b) Soy buena persona, ante todo.
c) Los demás, antes que yo.
d) Siempre están mis objetivos los primeros.

5. ¿Cuál dirías que es tu peor defecto?
a) No filtro, digo todo lo que pienso.
b) Demasiado buena persona.
c) Perezoso.
d) Tengo bastante mal genio.

6. Tu amigo se presenta con un proyecto que a ti te parece un horror.
a) Se lo digo entre bromas y sarcasmos.
b) Le digo que está genial, aunque me parezca lo contrario.
c) No digo nada. Omito mi opinión.
d) Lo dejo que hable, pero, al final, mi impulso me puede y le digo mi opinión más sincera, aunque no le guste.

7. ¿Cuántos amigos tienes?
a) Dos buenos y ya es suficiente.
b) Voy haciendo muchos amigos y los mantengo.
c) No creo en los amigos de verdad.
d) Depende de la época y no me importa cambiar.

8. ¿Cómo mantienes a tus amigos?
a) Por WhatsApp y audios interminables.
b) Por teléfono, no hay que perder las viejas costumbres.

c) Siempre intento quedar en persona. Es más caluroso.

d) Quien quiera ser mi amigo sabe lo liado que voy y tiene que aceptar que no siempre esté ahí. Yo tengo mi vida por encima de todo.

9. Tu mejor cualidad como amigo es...
a) Siempre soy fiel.

b) Las amistades están para lo bueno y lo malo.

c) Soy muy alegre y siempre alegro a los demás.

d) Digo las cosas claras. Aunque duelan.

10. Tu plan perfecto para un grupo de amigos es...
a) Ir de cañas y tapeo, si hace buen tiempo.

b) No me defino, depende de qué grupo de amistades.

c) Lo que el grupo diga. Me adapto a todo.

d) No hay plan perfecto, depende de mi estado de ánimo.

Una vez realizado el test, la autora aporta los siguientes datos en función de tus respuestas.

Si has contestado la mayor parte A:

Eres un amigo protagonista, y con una gran habilidad para el liderazgo, te gusta mandar y sientes que siempre tienes razón, por lo que esto puede generar conflictos con tus amistades. Sin embargo, ese liderazgo hace que todos se apoyen en ti y al final refuercen ese protagonismo en tu círculo más cercano. Por eso, debes trabajar más la empatía, no siempre tienes razón y hay que aprender a ver que los demás tienen otros conceptos o situaciones diferentes a las tuyas. Esto te va a ayudar a ser más efectivo, tanto en tu vida privada como en la profesional.

Si has contestado la mayor parte B:

Eres un poco tóxico, tú crees que lo que dices es por el bien de los otros, pero al final esa sinceridad hace daño, lo que te pone en un cambio de actitud inmediato; es decir, pasas de ser el que hace daño a ser el bueno, mostrando vulnerabilidad y generando compasión hacia tu persona, lo que hace que el otro se pierda un poco contigo. Das la imagen de defender a tus amigos, pero luego haces daño con tus comentarios o devaluando las cualidades de la otra persona. Te aconsejo que intentes estar más tiempo analizando esto. Ser más comprensivo y equilibrado entre el dar y el recibir; si das mucho, esperas mucho, y a veces eso no es posible.

Si has contestado la mayor parte C:
Tu patrón de amistad es protector por encima de todo, maternal o paternal eres el cuidador, el amigo perfecto, sabes que se aprovechan de ti, pero no te importa, aunque te duela y te frustre, ya que concibes que la amistad es para todo. Sientes que los demás son más importantes que tú. ¡Ojo! Tienes que trabajar tu autoestima, debes ser consciente de que tú eres muy importante y que los demás también pueden cuidarte. No intentes cuidar a los demás con buenas acciones, al final te van a dejar tirado igual.

Si has contestado la mayor parte D:
La independencia y la libertad son lo que te definen, no quieres atarte a nada ni a nadie, los problemas son solucionables y tiendes a minimizar lo que ocurre a tu alrededor. Eso en un aspecto puede ser bueno, pero tu gente, al final, te dejará de lado y esa independencia se puede convertir en soledad y puedes arrepentirte. No descuides a los que te quieren. Ellos lo hacen con lo bueno y lo malo que les puedas ofrecer.

Películas que te recomiendo ver

The Cure (*Que nada nos separe* en España o *El poder de la amistad* en Latinoamérica) es una película de comedia-drama estrenada en 1995, protagonizada por Brand Renfro y Joseph Mazzello. Cuenta la vida de un niño que se hace amigo de su vecino, un muchacho más pequeño que él y portador de VIH.

Mudbound (*El color de la guerra* en España) es una película estadounidense de drama dirigida por Dee Rees, a partir de un guion escrito por Virgil Williams basado en la novela homónima de Hillary Jordan, protagonizada por Carey Mulligan, Garrett Hedlund, Jason Clarke, Jason Mitchell y Mary J. Blige. Fue estrenada mundialmente en el festival de cine de Sundance el 21 de enero de 2017. Trata de la improbable amistad de dos hermanos de armas (un hombre de raza negra y otro de raza blanca) y las pasiones que despiertan en otros.

Thelma y Louise es una película estadounidense de género *road movie* de 1991, ideada y escrita por Callie Khouri, dirigida por Ridley Scott y protagonizada por Geena Davis, como Thelma, y Susan Sarandon, como Louise. La película ganó un Óscar en el año de su estreno. Es la historia de dos mujeres de clase trabajadora de Arkansas que se disponen a hacer un viaje a las montañas: un fin de semana de libertad. Cuando paran en un bar de carretera, Thelma es asaltada sexualmente y Louise le dispara en el pecho al violador.

ASTRID JANETH ISAZA SEPÚLVEDA

🅕 astrid.isaza.54

Astrid Janeth Isaza Sepúlveda nació en Medellín, Colombia, en abril de 1970. Es estilista profesional formada en Pivot Point International. Actualmente, reside en Italia. Ha colaborado en dos libros conjuntos y está trabajando en su proyecto personal. Aunque lo primero que escribió fueron cartas dirigidas a su padre, nunca las envió porque desconocía la dirección del cielo. Sin embargo, espera publicarlas algún día. Su amor por la lectura se despertó al leer *El tulipán negro* de Alejandro Dumas. Además de ser una apasionada de la escritura y la lectura, es amante de la cerámica, la pintura y la fotografía.

JUAN PABLO MORENO

EL PACTO

AMISTAD. Del lat. vulg. *amicĭtas,* -ātis, der. del lat. *amīcus* «amigo». 1. f. Afecto personal, puro y desinteresado, compartido con otra persona, que nace y se fortalece con el trato.

IDEOLOGÍA. De *idea* y *-logía,* sobre el modelo del fr. *idéologie.* 1. f. Conjunto de ideas fundamentales que caracteriza el pensamiento de una persona, colectividad o época, de un movimiento cultural, religioso o político, etc.

A la vista de las definiciones que ofrece la Real Academia Española respecto a los términos *amistad* e *ideología,* ¿es posible la amistad entre personas que presentan ideologías radicalmente diferentes?, ¿desarrollar un afecto puro y desinteresado a través del trato pese a que las ideas fundamentales de cada uno sean opuestas?

Yo diría que sí, que es posible. Lo afirmo con conocimiento de causa, pues así lo demuestra la amistad entre uno de mis abuelos y otro hombre al que le separaba un abismo ideológico en unas circunstancias en las que esas diferencias de opinión conllevaban matar o morir.

Pongámonos en situación. Nos encontramos en plena guerra civil española, en un pueblo, apenas una aldea, de la provincia de Guadalajara. Jesús es un oficial de uno de los dos bandos que luchan a muerte por imponer su modelo de Estado en España, su credo político, su ideología. Su batallón acaba de ocupar por la fuerza el pueblo. En represalia por el apoyo que los habitantes de ese rincón rústico han estado proporcionando al enemigo en las escaramuzas previas, dotándolos de comida y refugio, militares del Ejército han entrado en todos los graneros y despensas para hacer acopio de víveres. También han sacrificado muchos de los animales. Hacía tiempo que no comían tan bien. Los pueblerinos los miran con reproche, pero los soldados no se sienten culpables: «¡Que se hubieran pensado mejor a quién daban su apoyo!», exclamaban con altanería.

Tras un par de días de merecido descanso, el comandante ha salido con el grueso de las tropas en persecución del enemigo, que está huyendo con el rabo entre las piernas. Deja a Jesús como responsable de guardar la retaguardia. Con la intención de dar un escarmiento, le ordena que ejecute al amanecer a una parte de los prisioneros, tanto soldados como colaboradores del pueblo. Jesús recibe el mandato con tranquilidad. No es de su agrado, pero entiende que en la guerra hay que hacer lo que sea necesario por la victoria final, sin que importen los sentimientos de cada uno. Además, no es la primera vez.

Se acerca al lagar en el que están sus prisioneros. Siempre se obliga a mirarlos a la cara el día anterior. Entra en él. Algunos se levantan; otros, no. Están llenos de barro y polvo, sucios de días, como él. No sabe si son conscientes de lo que va a suceder al alba. Se detiene delante del tercero, que sigue sentado en el suelo, con la cabeza gacha, escondiendo su cara. Disimula su sorpresa. No necesita ver su rostro para reconocerlo. Demasiadas jornadas de faena durante la cosecha del cereal o la recogida de la oliva, trabajando codo con codo para ver quién conseguía llenar más sacas. El hombre levanta al fin la mirada. El rostro enjuto, moreno. Los ojos, escondidos tras unas gafas de culo de vaso que impiden apreciar el color azul grisáceo que tan bien recuerda. «A ver si esta vez casi miras, Casimiro», le tomaba el pelo, una vez adquirida suficiente confianza, cuando se las quitaba. Siempre le hizo gracia cómo su aspecto de intelectual, poco acorde al trabajo físico que compartían, era sustituido por la expresión despistada de quien apenas ve a dos palmos de sus narices. Se queda esperando a ver si dice algo, si le pide que haga algo por él, en honor a su amistad pasada. Tal y como se imaginaba, no lo hace. Quiere pensar que él tampoco suplicaría si las circunstancias de la guerra los hubieran ubicado en posiciones contrarias, que hubiera mantenido la misma dignidad, pero no puede asegurarlo. Observa cómo Casimiro se quita las gafas y clava su mirada miope en él antes de volver a agachar la cabeza, resignado a su destino.

Jesús tiene dudas de lo que puedan pensar los demás prisioneros, todavía percibe esperanza en ellos, o al menos duda. No es así en el caso de Casimiro, en quien solo se percibe aceptación. Se da la vuelta sin detenerse en ninguno más y sale apresuradamente.

Cuando entra en la casona que han ocupado los soldados, la que más convenía porque está un poco apartada del resto y en una posición elevada, detrás de las eras, le sorprende el olor a un guiso de patatas con tocino y chorizo que están preparando en el fogón. Se sienta junto a sus soldados a esperar que le sirvan. Todos están de un humor magnífico y comen con apetito. El cabo le pregunta si no se va a acabar su ración, apenas empezada. Jesús, por toda respuesta, extiende su mano con la escudilla. Sin hacer más preguntas, el suboficial procede a repartirla; durante una guerra nunca se sabe cuándo puede volver la escasez.

Jesús se levanta y sale al exterior. Además de por su ubicación, eligieron esa casona por ser una de las mejores del pueblo; la familia que vivía allí fue reubicada con unos familiares. Detrás del suburbio, tras un pequeño barranco, se encuentra una colina. Escarpada, de pizarra, carece de sembrados, tan solo se aprecian algunas colmenas. Sube a la cima con grandes zancadas. Hace frío pese a que ya es abril. Huele a jara y humedad. Al coronar se da la vuelta y observa el camino recorrido. Es luna llena y se distinguen bien las casas del pueblo, ubicado en medio de un valle, a cierta altura sobre la ribera de un río. El reflejo de la luna se aprecia en sus aguas tranquilas. Se sienta finalmente y clava la mirada en el lagar en cuyo interior se halla Casimiro, esperando a ser ajusticiado.

No es la primera vez que Jesús dirige un pelotón de fusilamiento. En todas las ocasiones anteriores, también ha disparado. La primera vez fue la más dura, no pudo dormir ni un minuto la noche previa y las pesadillas lo despertaron durante días con sudores fríos. El refrán de «A la tercera va la vencida» aplicó en su caso; fue entonces cuando volvió a dormir como cuando era inocente. Pero nunca había tenido que ajusticiar a nadie a quien pudiera considerar amigo, pese a las insalvables diferencias ideológicas que los separaban.

Los campos fértiles de Guadalajara en los años treinta estaban repartidos entre una miríada de propietarios de minúsculos terrenos tras el reparto a partes iguales entre la abundante progenie de cada familia a lo largo de varias generaciones. Los cultivaban para su propio consumo y para conseguir otros productos vendiendo el sobrante. La recogida de las olivas se iniciaba en invierno y consistía en varear las ramas para que cayera el fruto maduro, que había que recoger posteriormente casi de una en una. Era un trabajo agotador. Las familias que tenían pocos olivos lo hacían ellas mismas, tarea de la que no se libraba ningún miembro, sin distinción de edad ni sexo. Los que, por herencia o ambición de prosperar, tenían más contrataban a mozos para que ni una sola oliva se quedara en el árbol o en el suelo para alimento de las aves.

—Mozo, ven aquí y toma un poco de tocino con pan, que te lo has ganado —le dijo el patrón a uno de sus trabajadores.

Este negó con la cabeza y desvió la mirada desde el plato de alubias que había traído la mujer del patrón, visiblemente encinta, hacia el olivar donde estaban trabajando. El patrón miró a su mujer y se encogió de hombros. No era la primera vez que este mozo trabajaba para ellos, ya lo había hecho el verano pasado. Joven y orgulloso, era el único que competía con los propietarios en la siega. Al principio, siempre ganaban ellos: la mujer, porque descansaba menos; el hombre, porque iba más rápido; pero con la práctica llegó a descansar tan poco como ella e ir tan rápido como él.

Al día siguiente, de madrugada, se acercó al mozo, que estaba vareando un olivo con el mismo tesón de siempre. Valía por dos, costaba lo mismo y no pedía nada a cambio. En otras ocasiones, se había picado con él; esta vez, no, sabía que tenía todas las de perder. Nunca se había encontrado a nadie así y quería entender por qué.

—¡Eh, zagal! —lo llamó. Al ver que no cesaba en su empeño, se acercó a él, puso su mano derecha en su hombro, deteniéndolo—. Descansa, quiero hablar contigo.

El muchacho, a quien todavía le estaba asomando la barba, era ligeramente más bajo que el patrón. Ambos lucían igualmente fibrosos y morenos; los diferenciaban los surcos que los años y las muchas jornadas de trabajo bajo el sol habían formado en el rostro del mayor. El patrón sacó de su bolsillo algo envuelto en papel de periódico amarillento y se lo ofreció. El muchacho no hizo ademán de cogerlo.

—A mi lado —le ordenó mientras se sentaba en el suelo y desenvolvía el paquete mostrando un pedazo de pan duro con tocino, que partió en dos pedazos—. Ayer estaba mejor, porque estaba recién hecho, pero no es para despreciarlo.

Y para demostrárselo, le dio un buen mordisco. Finalmente, el muchacho lo aceptó y, tentativamente, imitó a su patrón. Comieron en silencio. Cuando finalizaron, el patrón volvió a tomar la palabra.

—¿Por qué no aceptaste el pan con tocino ayer?

—No soy mejor que mis compañeros y no quiero ningún privilegio.

—Si tuviera otros cuatro como tú, no necesitaría pagar a diez trabajadores.

—Soy más fuerte que ellos y no me merezco más por esa razón.

—¿Mi mujer es más fuerte que ellos? Lo digo porque, si te fijaste en ella durante la siega, le cundía bastante más que a ellos, aunque no tanto como a ti. Y si no fuera a parir dentro de poco, estaría haciendo el trabajo de dos.

El muchacho no supo o no quiso responder y el patrón se levantó sin más y se fue. De manera inmediata, empezó a oír los golpes de la vara y el sonido de las olivas al caer.

Unos días después, la tarea estaba finalizada. El patrón dio las gratificaciones a todos los que habían faenado con él. Aunque por aquel entonces podías conseguir trabajadores a cambio de un plato diario y un sitio donde dormir, él lo acompañaba con unas pesetas que guardaba en un sobre con el nombre de cada uno. Los recibía de uno en uno en su casa para dárselo.

—¿Por qué tengo dos sobres? —le preguntó el muchacho cuando llegó su turno.

—Porque has trabajado como dos —le respondió el patrón. Al ver que, pese a todo, dudaba, añadió—: No pienses que pierdo con esto. Me he ahorrado el sustento de todos los días, porque trabajabas por dos, pero comías por uno. De hecho, menos que otros. ¿No es verdad, mujer?

La mujer del patrón, de pocas palabras con semidesconocidos, simplemente asintió con una sonrisa. El patrón se dio cuenta de que seguía sin hacer ademán de extender su mano para aceptarlos.

—No pienso que merezca más que los demás por trabajar el mismo tiempo —confirmó el muchacho con sus palabras la quietud de sus gestos.

—En ese caso, hazle un regalo bonito a tu madre, o a alguna moza que te guste.

El recuerdo de su madre, tan necesitada, lo convenció. Aceptó los dos sobres y se despidió con un leve gesto de asentimiento.

—¿Por qué le has dado dos sobres en lugar de meter más dinero en uno? —le preguntó su mujer en cuanto se quedaron solos.

—El muchacho es joven y tiene que aprender que todo esfuerzo merece su premio.

—Tienes razón, he visto a pocos que trabajen como él.

—Ojalá hubiera muchos así.

Durante los años siguientes, el mozo no faltó a ningún llamamiento y acudió siempre a las tierras del patrón cada vez que tocaba una faena que requiriera mano de obra. La barba se le cerró. No creció hasta alcanzar la altura de su patrón, pero ensanchó por el trabajo en el campo, en el que siempre se esforzó más que nadie. La patrona ya no volvió a competir en la siega con ellos, puesto que llevaba tras sus faldas un zagal a quien habían puesto el nombre de su padre. Seguían compitiendo sin que hubiera duda del resultado: el mozo ganaba en cada ocasión.

Cuando ya se estaba acercando el final del trabajo, el patrón, a quien le venía rondando una idea por la cabeza desde hacía algún tiempo, se acercó a su mejor jornalero con intención de conversar.

—Mozo, siéntate conmigo, que tenemos que hablar.

—¿Qué quiere decirme usted? —le preguntó cuando ya estaban ambos sentados a la sombra de un grupo de chopos.

—He tenido unos buenos años y generado un capital. Me ha surgido una oportunidad para comprar unos terrenos en un pueblo no lejos de aquí, pero no puedo ocuparme de aquellos sin desatender estos. Si te conviniera, podría contratarte como capataz. Tendrías un sueldo y una participación en los beneficios. Con tiempo podrías ahorrar y comprar tus propios terrenos. —El patrón vio cómo el mozo desviaba la mirada, casi como si le estuviera ofendiendo. Eso no se lo esperaba—. O, si lo prefieres, podría pagarte menos e ir dándote una parte de las tierras en las que trabajes. Seríamos socios.

—¿Por qué quiere que sea su socio? —le preguntó con los ojos entrecerrados y una expresión dura muy lejana al rostro callado pero tranquilo que solía mostrar siempre.

—¿Cómo no iba a quererlo? Si eres el mejor trabajador que he tenido nunca. Y el más honrado también.

—¿Acaso no sabe usted cómo va a cambiar todo?

El patrón meditó unos instantes. Las noticias llegaban al pueblo con cuentagotas y él no prestaba demasiada atención a los tejemanejes que se orquestaban en la capital. Los politiqueos le resultaban muy lejanos y nunca se había planteado que pudieran llegar a su pueblo.

—Lo dices porque piensas que van a ganar las izquierdas. Yo no lo creo, están completamente divididas.

—Se unirán. —Ante la expresión escéptica de su jefe, añadió—: O llegará la revolución. La propiedad se va a acabar, como en Rusia. Los capitalistas tendrán que ceder sus propiedades al pueblo que las trabaja.

—Yo las trabajo.

—Junto con otros muchos. Te aprovechas del trabajo de los demás. Eso se acabará cuando ganen las izquierdas.

—¿Es eso lo que quieres, que me quiten mis tierras?

—Es lo que va a pasar.

—Son las tierras de mis padres.

—Mi madre nunca tuvo nada que dar a su hijo —soltó sin atisbo de envidia alguno.

—Eso podría cambiar si te asocias conmigo.

—Yo no voy a ser un capitalista —empezó… y paró.

Aunque no continuó, dejó la frase en suspenso de forma que el patrón pudo imaginarse perfectamente lo que pasó por su cabeza: «explotador» y quizá «de mierda». Se evaluaron mutuamente. Nunca habían hablado de política anteriormente y la visión de cómo querían que discurriera el futuro era completamente diferente.

—¿Crees que alguien como yo tendrá un sitio en ese mundo que vaticinas? —preguntó el patrón finalmente.

—Todo el mundo tendrá su sitio. Todos seremos iguales, sin patrones ni proletarios.

—Si llega eso, ¿me ayudarás a que me adapte?

El mozo miró a su patrón, con quien había compartido tantas jornadas agotadoras, con gran intensidad. Representaba todo lo que su partido quería eliminar: propiedad heredada, explotación del trabajo para su propio beneficio, planes de enriquecimiento personal…

No obstante, siempre se había portado bien con él; mejor que nadie. Bien lo sabía su madre. Finalmente, le dijo:

—Y si no llega, ¿hará usted lo mismo por mí?

El patrón respondió con una sonrisa, que el mozo le devolvió. No necesitaron más, ni siquiera un apretón de manos, para sellar el pacto.

El mozo dejó de acudir a las faenas del patrón, ocupado en asuntos del partido. Celebró con sus camaradas la victoria en las elecciones del Frente Popular, pero la alegría duró poco con el alzamiento de los fascistas. Mientras tanto, su patrón siguió trabajando, pero redujo su ambición a la simple subsistencia, sin contratar a nadie. La mitad de sus campos quedaron sin sembrar, abandonados a la espera de unos tiempos mejores que temía que no llegaran. Había enviado a su mujer, de nuevo embarazada, y a su hijo con unos familiares a un pueblo aún más remoto y con menos interés para ninguna de las partes en conflicto. A diferencia del mozo, él no eligió bando, el bando lo eligió a él.

Jesús, en lo alto de la colina, bajo la luna llena, recuerda aquella última conversación. Casimiro y él se prometieron ayudarse. No recuerda quién lo dijo primero, pero sí que ambos lo hicieron de corazón. No ha pasado tanto tiempo, apenas un par de años. Sin embargo, han vivido tantas vicisitudes desde entonces… Ha visto cómo amigos y enemigos cometían atrocidades por igual.

Casimiro es un buen hombre, mejor que la mayoría con los que comparte armas. ¿Merece morir? Si lo deja vivir, ¿perjudica de una manera significativa sus intereses en la guerra? Ambos prometieron ayudarse. Sellaron un pacto.

Sumergido en un mar de dudas, baja por la ladera como en un mal sueño. Tropieza con una raíz y rueda unos metros. Magullado y arañado, se queda unos instantes tumbado boca arriba cuan largo es. Finalmente, se levanta y se encamina hacia el lagar donde están los prisioneros. Su autoridad en esta guerra es muy escasa, pero sobre estos hombres es absoluta. Ha tomado una decisión: hizo una promesa que piensa cumplir. Sabe que, si uno de sus soldados lo delata a un superior, será su final, pero él es un hombre de palabra. Siempre. Despierta al soldado que debería estar haciendo guardia y le coge las llaves sin dar explicaciones. Entra con la autoridad que le proporcionan sus galones, se acerca a Casimiro y tira de él hacia fuera. En ningún momento dice nada. El resto de los prisioneros no hace ningún amago de aprovechar el momento para intentar escapar, como temía. Jesús suelta un prácticamente inaudible suspiro de alivio cuando echa la llave por fin; él y su amigo ya están fuera y a salvo. Sonríe con ironía al repetirse esas palabras: «A salvo». Devuelve las llaves a su soldado y, sin dar explicaciones, porque no las tiene, arrastra a Casimiro hacia la salida del pueblo. No hablan en ningún momento hasta que llegan al puente que cruza el río. Jesús se prepara allí para despedirse.

—Vete —le dice.

—Me has ayudado, como me prometiste —le contestó.

—Tú también lo hiciste.

—Pero has sido tú quien ha tenido que cumplir la promesa. —Al no obtener respuesta, añade—: No sé si yo hubiera sido capaz.

—Yo creo que sí. Eres una buena persona.

—Tú eres mejor, amigo. ¿Nos volveremos a ver?

Jesús se encoge de hombros sin llegar a decir lo que está pensando: que prefiere que no, porque podría ser que entonces tuvieran que luchar. Le da la espalda y se encamina de vuelta hacia el pueblo. Se resiste a girarse todo lo que puede, pero, al final, cuando va a doblar el recodo que ocultaría a su amigo de su vista, lo hace. Casimiro, todavía en el centro del puente, levanta el brazo en señal de despedida. Jesús, de manera automática, le devuelve el gesto. En ese momento, Casimiro sale corriendo en dirección contraria sin mirar atrás.

Casimiro y Jesús no se volvieron a ver nunca. Mi abuelo nunca me contó la anécdota, fue mi madre quien lo hizo. Los hechos principales constan en este relato, los detalles me los he imaginado. ¿Quién de los dos fue mi abuelo? ¿El patrón o el mozo? ¿Es acaso importante?

No lo es para las conclusiones que cualquiera, yo mismo, puede extraer de ella. Se puede entablar amistad con gente que opine de una forma radicalmente diferente, que tenga una ideología distinta, incluso contraria. Es posible que esos amigos se intenten convencer con argumentos, e incluso que sus opiniones cambien; pero, si ese no es el caso, si siguen en desacuerdo, podrán respetarse, valorando más lo que los une que lo que los separa; siguiendo con sus vidas y apreciándose mutuamente. Podrán disfrutar de una comida, de unas cervezas y también de una conversación, sabedores de que hay temas en los que nunca se pondrán de acuerdo, pero con un afecto mutuo y verdadero.

Volviendo a las definiciones del principio, la respuesta definitiva es que sí: se puede sentir un afecto personal, puro y desinteresado, compartido con otra persona, nacido y fortalecido con el trato, pese a tener ideas distintas sobre muchos temas.

JUAN PABLO MORENO

🌐 juanpablomoreno.com
🅕 @juanpablomorenoescritor
📷 juanpablomorenoescritor

Juan Pablo Moreno ha sido un ejecutivo de empresas durante treinta años en múltiples sectores: consultoría, gran consumo, papel, música, educación… El haber trabajado en ambientes culturales y sociales tan diferentes le ha permitido aplicar las enseñanzas de su abuelo y entablar amistad con personas con ideologías dispares, experiencia que ha plasmado en el ensayo-ficción *El pacto*. Su primera novela, *No siempre puedes conseguir lo que quieres*, fue finalista del Premio Fernando Lara. Tanto esa novela como sus continuaciones, *Pero si lo intentas algunas veces* y *Podrías encontrar lo que necesitan*, que forman parte del estribillo de la famosa canción de los Rolling Stones, han sido publicadas por Caligrama.

LOLA PASTOR

EN LA MOCHILA DE LA VIDA

«No es lo que vivimos lo que forja nuestro destino,
sino lo que sentimos por lo que vivimos».
Marie von Ebner-Eschenback

Amigas con luz

Mi querida Isabel,
Hace unos días que no estás con nosotros y se me hace difícil aceptar que te has ido para siempre. Hay flotando en el aire una especie de desencanto amargo y una tristeza infinita que me impide seguir con mis cosas, con mi vida; que me cuesta trabajo comprender lo desleal, ingrata e injusta que puede llegar a ser la vida, y más aún con una persona tan vital, tan entrañable y tan querida como lo eras tú. Después del funeral, cuando llegué a casa, arrebujada en mi sillón, comencé a recordar nuestra infancia y adolescencia, nuestras vivencias en el colegio, en el instituto, en la universidad, con la pandilla, con los chicos, con la familia… Las risas y las lágrimas afloraron recordando la de trastadas que hicimos. Fue entonces cuando sentí que jamás te marcharías de mi lado.

Es cierto que se llevaron tu cuerpo, pero lo esencial, lo realmente importante, es tu alma, y un trocito de ella se ha quedado arraigada, engarzada para siempre en mi corazón y en mi memoria, y nada podrá evitar que ese ser tan especial, tan auténtico que eras, mi querida amiga, ya forme parte de mí. Me siento afortunada de haber podido compartir contigo todos esos años en los que nos formábamos como personas, como mujeres, y la complicidad que hubo entre nosotras. Creo que en esta vida todos aprendemos de todos, pero hay personas que hacen camino y otros que lo siguen, y tú perteneces al primer grupo. Siempre fuiste un torbellino. Para ti nada era imposible, inalcanzable, tan solo tenías que desear algo con todas tus fuerzas e intentar conseguirlo, costara lo que costara. Y jamás, jamás te dejaste vencer por el fatalismo o la mala suerte. Te recuerdo decidida, responsable, divertida, conversadora, caprichosa, comprometida con tus ideas, fiel a tus principios, entusiasta en tus proyectos, pero, sobre todo, luchadora y muy valiente, extraordinariamente valiente. Nos has dado, con tu ejemplo, una lección insuperable. Siempre estarás en mi corazón, en el corazón de todos aquellos que te quisimos y tuvimos la oportunidad y la suerte de conocerte. Y también estarás en nuestra memoria. Y son precisamente nuestros sentimientos y nuestros recuerdos los que hacen que las personas a las que amamos y que, por desgracia, el ingrato destino nos arrebata permanezcan arraigadas en nuestro ser hasta el final de nuestros días.
Jamás te olvidaré.

Esta carta la escribí al día siguiente de enterrar a una de las personas más importantes que he tenido en mi vida: mi gran amiga Isabel. Se publicó en el periódico *La Voz de Almería* el 22 de julio de 2011 en la sección de «Obituarios». Necesitaba decirle al mundo entero la clase de persona que era, la calidad de ser humano que habíamos perdido. No fue suficiente con esa carta, pero no tenía más espacio, agoté hasta la última letra que me dejaron poner. Hace ya más de once años y es muy raro que pase un día sin que me acuerde de ella. Parece que fue ayer. El dolor se enquista, al igual que los recuerdos.

En mi vida he tenido y tengo muchos amigos y amigas; pero amigas de toda la vida, desde niñas, solo dos: Isabel y Teresa.

Unos cuantos años después de perder a Isabel, mi amiga Teresa sufrió un aneurisma. Estuvo muy grave en la UCI, a punto también de fallecer, pero logró escapar de las fauces de la guadaña. Costó tiempo que se recuperara, pero al final todo salió bien. Me alegré infinitamente cuando supe que apenas le habían quedado secuelas. No se sabe lo que se puede llegar a querer a una persona hasta que te falta o ves que te puedes quedar sin ella. Cada vez que quedamos se nos pasa el tiempo volando. Reímos, reímos mucho. La verdad es que ella es muy graciosa y ahora se toma la vida de otra manera. Vive el presente, no deja nada para después. Y aunque no la hago partícipe de todas las cosas negativas que me ocurren, ya que la quiero demasiado, seguimos compartiendo historias, vivencias, sentimientos que enriquecen nuestras vidas.

Pero mentiría si dijese que tan solo tengo a Teresa. Desde hace años, y por suerte, gozo de tener otras muy buenas amigas: Carmen, Maruja, Encarna, Carmela y Reme. Es gente con luz, divertida, sincera y leal. Personas que me han ayudado a superar las pérdidas de mis seres queridos y a las que quiero mucho. Con ellas viajo, salgo de fiesta y me confieso. Hacemos nuestra catarsis personal entre nosotras, y cada vez se afianza más nuestra complicidad y nuestro cariño.

Si lloras porque no ves el sol, tus lágrimas te impedirán ver las estrellas

Es ley de vida que todos hemos de morir, pero una cosa es que lo sepas y otra, que vivas la experiencia. Esa ley sirve también para los amigos y amigas: uno morirá irremediablemente antes que el otro. En mi caso particular, cuando perdí a mi amiga Isabel, me enfrenté a un panorama desolador, horrible, único. Hacía cuatro años que había perdido a mi padre y fue muy duro, pero, aunque parezca mentira, lo superé antes que el fallecimiento de Isabel.

A este respecto, *madame* de Lambert, en su *Tratado sobre la amistad*, expone que muy pocas personas saben ser amigas de los muertos y que «ellos tienen que seguir viviendo en vuestro corazón por los sentimientos, en vuestra memoria por el recuerdo, en vuestra boca por los elogios y en vuestra conducta por la imitación de sus virtudes».

La persona que sobrevive a la pérdida de una gran amistad debe hacer un duelo personal, cargar en su mochila de vida los recuerdos, las vivencias, los sentimientos, experiencias…, y llevarla consigo el resto de su vida. En muchas ocasiones, el dolor y el sufrimiento son tan grandes que no te dejan seguir con tu vida y debes acudir a especialistas para que te ayuden a superar esa pérdida, porque se cae en la rutina de pensar continuamente en unos hechos que, por desgracia, ya no tienen marcha atrás y que resultan inevitables. Si no lo aceptamos, nos hundiremos en un sufrimiento inútil, doloroso y, a menudo, perdurable en el tiempo.

En palabras de la psicóloga María Jesús Álava Reyes,

> […] una sensibilidad mal entendida es como una trampa mortal que puede llevarnos a un sufrimiento tan inútil como prolongado […]. Cada instante de tu vida tiene sentido si aprendes de él y, si lo haces, los siguientes instantes serán más sencillos […]. Lo que marca un cambio vital en nuestra existencia es cuando nos damos cuenta de que lo que sentimos depende, en gran medida, de lo que pensamos, no de lo que nos está pasando. Entonces asumimos que, de verdad, podemos controlar y «provocar» nuestras emociones, más allá de lo que nunca habíamos pensado. Podemos ser felices o infelices, colocando nuestro «cerebro a nuestro favor» o, por el contrario, poniéndolo en «nuestra contra».

En definitiva, nuestros pensamientos son los responsables de nuestras emociones. El sufrimiento es improductivo, provoca un deterioro enorme a nivel físico, psíquico, mental, y una caída brutal de nuestro control emocional.

La alegría o la tristeza son emociones que se transmiten con facilidad. A veces, cuando vemos feliz o triste a alguien que queremos, nuestra empatía con esa persona hace que lloremos o riamos juntos, porque nos alegramos de sus triunfos o su buena suerte y nos entristecemos con sus problemas. Sin embargo, la alegría nos beneficia, mientras que la tristeza, si se prolonga en el tiempo, nos debilita y nos hace vulnerables y frágiles. Habría que hacer caso a Tagore cuando dice: «Si lloras porque no ves el sol, tus lágrimas te impedirán ver las estrellas», título de nuestro apartado. Encadenarse al pasado es quizás un indicio de infelicidad, de falta de presente, de proyectos e ideas, de objetivos. Son muchas las personas que se pasan la vida aferradas a un pasado que ya no está. El pasado no existe. El presente es la vida. Hay que vivir nuestro tiempo actual y disfrutar de cada día, de cada momento, de cada segundo, de cada persona que está a nuestro lado, y todo habrá merecido la pena.

Algunas de las cosas que podrían facilitar el hacer nuevos amigos, sobre todo para las personas que son más introvertidas, sería, por ejemplo, iniciar una actividad, un *hobby* nuevo en el que relacionarse con un grupo en el que haya más gente, como ir a clases de baile, de yoga, de escritura, o practicar senderismo, apuntarse a un club de lectura, etc. Otra cosa que se podría hacer es aprender a manejar las redes sociales, ya que estas son, sin duda alguna, un método eficaz para conocer a otras personas. No hay que cerrarse a poder encontrar en el presente, o en el futuro, una buena amistad; no es que se sustituya al amigo perdido por otro, nadie ocupará el vacío que dejó. Pero no se debe renunciar a tener una vida más completa. Cada momento debe ser nuestro, nos pertenece, y así no habremos hipotecado lo que nos quede por vivir. Para todo ello, algunas de las rutinas que habría que reforzar son, entre otras, animarnos a nosotros mismos en los momentos difíciles; buscar algo que nos pueda alegrar y agarrarlo; salir de casa, no quedarse encerrado; leer libros de autoayuda o que te hagan reír. La risa es otra gran terapia. Si conocemos a alguna persona positiva, quedemos con ella y, por el contrario, alejémonos de la gente negativa. Hagamos cualquier cosa que pueda levantarnos el ánimo o nos proporcione algo de felicidad.

Concepto y clases de amistad

Para el *Diccionario de la Real Academia Española*, la palabra *amistad* designa «afecto personal, puro y desinteresado, compartido con otra persona, que nace y se fortalece con el trato». Esta definición, desde mi punto de vista, se queda corta si se trata de una amistad auténtica, porque la conexión tan fuerte que se produce entre dos personas es de vital importancia para tu día a día. La amistad puede llegar a ser uno de los más importantes soportes o pilares que tenemos en nuestra vida, ya que no es impuesta, la elegimos nosotros, es nuestro deseo entablar una relación con esa o esas personas. Es nuestra elección. Ya ocurre en la infancia, pero mucho más cuando vas al instituto o a la universidad. Se dice que las verdaderas amistades se forjan durante la adolescencia.

Amistad, hermosa palabra. Al pararme y reflexionar sobre lo que ha significado en mi vida, me saltan chispazos de imágenes, recuerdos, películas, risas, llantos, reconciliaciones, besos, abrazos…, un sinfín de emociones y sentimientos que he tenido y que aún tengo la gran suerte de experimentar.

Isabel, Teresa y yo nos conocimos cuando teníamos muy poquitos años. Fuimos al colegio juntas, allí hicimos nuestra primera elección de amigas; más tarde, en el instituto, nos reafirmamos al escogernos. Nos enamoramos casi a la misma vez y siempre teníamos planes para el futuro. Luego, tomamos caminos distintos: Teresa aprobó unas oposiciones de Administrativo y se fue a trabajar a Barcelona; Isabel estudió Derecho y se trasladó a Granada, y yo estudié Filosofía y Letras y me quedé en Almería. Nos separamos, pero aun así tratábamos de mantener nuestra unión a través de las cartas y el teléfono. Hablo de los años setenta y ochenta, en los que aún no había móviles ni ordenadores. Mantuvimos nuestra amistad años y años en la distancia y tan solo disfrutábamos de nuestra mutua compañía unos pocos días al año. En ese tiempo me cercioré de que los verdaderos amigos siguen presentes aun cuando están ausentes.

Cuando hablamos de amistad, es casi obligatorio citar a los filósofos clásicos, como Aristóteles y su *Ética para Nicómaco,* o Cicerón con su *De Amicitia,* y, aunque algunas de las reflexiones que dejaron recogidas en sus escritos poco tienen que ver con las características y necesidades actuales, hay otras muchas que sí guardan correspondencias.

Según Aristóteles, hay tres tipos de amistad:

— Amistad por utilidad: en este tipo, las personas no están implicadas por afecto, sino porque esperan recibir algún beneficio del otro (ya sean regalos, favores, etc.). En realidad, no es amistad, es interés.

— Amistad por placer: este tipo de relación suele darse más en la pubertad y adolescencia. Se busca el amigo o la amiga para pasarlo bien, para compartir ratos de distensión, de divertida complicidad y de ameno e intrascendente hedonismo.

— Amistad por la virtud: es aquella relación en la que, además de utilidad y placer, existe un afecto sincero el uno por el otro. Una amistad auténtica no se rompe por una discusión o un malentendido, ya lo dice Miguel de Cervantes en *El Quijote*: «Amistades que son ciertas nadie las puede turbar».

Ha llovido mucho desde Aristóteles, pero el interés se mantiene. Es muy posible que muchos de nosotros tengamos los tres tipos de amistad descritos por el filósofo, pero, si tuviéramos que escoger una de las tres, creo que todos elegiríamos la tercera: amistad por la virtud, entendiendo esta como una amistad puramente altruista que supone una especie de prolongación de tu misma persona.

Montaigne nos dice algo parecido en el primer tomo de sus *Ensayos* respecto a sus sentimientos por su amigo Étienne de La Boétie:

> Nos buscábamos antes de habernos visto, y nos abrazábamos a través de nuestros nombres. Y en el primer encuentro, que se produjo por azar en una gran fiesta y reunión ciudadana, nos resultamos tan unidos, tan conocidos, tan ligados entre nosotros, que desde entonces nada nos fue tan próximo como el uno al otro. Si me instan a decir por qué lo quería, siento que no puedo expresarme más que respondiendo: porque era él, porque era yo.

Philip Freeman, en la «Introducción» al ensayo *How to be a friend* —traducido al español como *El arte de cultivar la verdadera amistad* (*De Amicitia*, en latín)—, nos dice que «en una época en donde la tecnología y la atención en el "yo" ponen en peligro la idea misma de la amistad y de las relaciones profundas, Cicerón, tal vez más que nunca, tiene mucho que decirnos».

Añade Freeman que esta obra está llena de consejos universales sobre el tema que nos ocupa: la amistad. Comienza este ensayo hablando de la amistad entre Cicerón y Ático. Tito Pomponio, conocido como Ático, fue el mejor amigo de Marco Tulio Cicerón. Se conocieron de jóvenes, congeniaron rápidamente y fueron amigos de por vida. Aunque estaban separados, mantuvieron una fértil correspondencia que revela una profunda amistad y un cálido afecto. Cicerón escribió algunos de los más influyentes tratados acerca de la naturaleza de los dioses, el apropiado rol del gobierno, los gozos de la edad madura y el secreto de la felicidad. Entre ellos se encuentra el mencionado ensayo introducido por Freeman sobre la amistad y que Cicerón dedica a su amigo Ático. Esta obra contiene consejos universales sobre la amistad. Algunos de ellos son:

- Debemos elegir a nuestros amigos con precaución.
- Los amigos son sinceros entre sí.
- Haz amigos nuevos, pero conserva los antiguos.
- Los amigos nos hacen mejores personas.
- Un amigo nunca nos pedirá que obremos mal.
- Las amistades pueden cambiar con el tiempo.

Los recuerdos de los amigos son tan vívidos y reales, y extrañarlos es un sentimiento tan intenso y profundo que, incluso después de su fallecimiento, son una bendición y siguen viviendo en nosotros.

Duración de la amistad

Hay amistades que surgen a los pocos instantes de conocerse y otras que tardan años en conformarse. Las amistades, salvo excepciones, duran toda la vida. Una amistad puede acabarse con la muerte de uno de ellos, como fue mi caso, pero los amigos suelen distanciarse por varias razones:

1. Porque dejan de tener intereses comunes. Con el transcurrir del tiempo, ya no comparten los mismos puntos de vista en política, en lo social, en lo cultural. Las personas vamos cambiando conforme cumplimos años y vivimos experiencias personales, laborales, de salud, de ocio, etc. Hay cosas que nos gustaban de unos que después, con el tiempo, quedan atrás o no nos dicen nada cuando crecemos.

2. A medida que te haces mayor, una serie de obligaciones y responsabilidades te quitan muchas horas de ocio, y esos amigos de «toda la vida» suelen ser sustituidos por otro tipo de grupo de amigos, que son aquellos que surgen por compartir con ellos una afición puntual o una actividad concreta —por ejemplo, los amigos del trabajo—; por lo que no está mal hacer nuevas amistades, pero es importante

mantener las de siempre, como nos decía Cicerón en su tratado. La distancia es una de las causas por las que desaparece el vínculo que los une si no se hace el ejercicio de conservar esa buena amistad para que no desaparezca. Hoy en día es más fácil mantener una amistad en la distancia con las nuevas tecnologías que disfrutamos, no solo por llamadas de teléfono, sino por WhatsApp, por redes sociales, etc. Aunque también es importante que, de vez en cuando, interactuemos cara a cara y no solo a través del móvil o del ordenador.

3. Porque entre ambos ha habido una falta de apoyo en circunstancias en las que uno de ellos ha tenido o ha sufrido una mala racha o una desgracia. Aquí citaremos las palabras de Ennio, que fue un poeta muy admirado por Cicerón: «En la adversidad se descubre a los amigos fieles».

4. También ocurre cuando alguno de ellos comienza una relación amorosa y todo su tiempo se centra en esa relación, apartando o abandonando a sus amigos. A este respecto, la psicóloga Amparo Calandín nos advierte de los efectos derivados de dejar inconscientemente a un lado a los amigos cuando uno comienza una relación amorosa:

> Eso se llama «dependencia emocional», cuando nos centramos en un solo elemento de nuestra vida y nuestra felicidad depende de ello. No es bueno porque es importante tener diferentes parcelas que nos sustenten, no solo la pareja, también amigos, trabajo, *hobbies*, familia… Si esos espacios están satisfechos, seremos mucho más fuertes emocionalmente cuando uno de ellos falle.

¿Cómo se consigue llegar a una amistad auténtica?

El trabajo, la familia, los problemas diarios saturan nuestro día a día, muchos quehaceres y apenas tiempo para nada y, al final, quienes terminan perdiendo, los que están al final de la lista, son los de siempre: los amigos. Hay que organizarse y sacar tiempo para ellos, ya que son una parte importante para que nuestra vida sea más completa, más feliz. Hay que cultivar las amistades, sobre todo las buenas amistades. Puedes necesitarlas o te pueden necesitar en cualquier momento, y será como un bálsamo de paz en tus/sus momentos difíciles.

Conozco a una persona que valora mucho a sus «amigas del alma», como ella las llama, y que son más importantes y queridas que sus mismos familiares. Cuando conoció a su pareja, le dejó claro desde el principio que sus amigas tendrían un espacio en su vida al que no renunciaría. Y lo cumplió.

Su nombre es Paula, una chica de veintiséis años, enfermera y de Almería. Es jovial, simpática a rabiar, y siempre va con una sonrisa en el rostro. Ha tenido algunos fracasos en su vida personal, pero siempre ha tenido a sus amigas para levantarle el ánimo. A su vez, esta chica ha hecho por sus tres inmortales amigas —Irene, también de Almería; Noelia, de Granada, y María, de Valencia— cosas que no todo el mundo haría. Citemos algunos ejemplos:

Cuando se enteró de que a su amiga Noelia, también de veintiséis años, tenían que quitarle ambas mamas por estar en grave riesgo de padecer cáncer, después de que su madre y su padre murieran prematuramente por esa enfermedad, se trasladó al hospital y estuvo con ella todo el tiempo que pudo. Fue difícil para Noelia, una chica tan joven, aceptar que le extirparan uno de sus distintivos femeninos y, cuando Paula tuvo que regresar a su ciudad por motivos de trabajo, se turnó con sus otras amigas, para que siempre estuviera una de ellas a su lado. Ya en casa, no pasaba un día en que no la llamase varias veces y enviase noticias alegres, o grababa un video divertido para alegrarle un poco el día. Y aunque no viven en la misma ciudad, eso no fue obstáculo para ellas, hace años entregaron sus almas unas a las otras. La distancia para ellas no existe. Hacen el esfuerzo de quedar y verse presencialmente todos los meses para ponerse al día en sus aventuras por la vida y para afianzar y reforzar su gran amistad.

En otra ocasión, María, su amiga valenciana, lo estaba pasando mal por haber roto una relación de ocho años con su novio tras enterarse de que él estaba viéndose con otra mujer, y no hacía más que llorar y desesperarse. Para Paula no era suficiente hablar por teléfono con ella o conectarse a través de una videollamada. Su amiga necesitaba un abrazo suyo y solo le bastó esa excusa para coger el primer tren que había para Valencia y presentarse allí, porque la necesitaba. Estuvo con ella esa tarde y, al día siguiente, regresó a Almería.

También, hace un año, la otra amiga, Irene, se quedó embarazada de un indeseable y Paula la acompañó en la clínica todo el tiempo. Juntas entraron y juntas salieron. Allí no había familiares, solo estaban Paula e Irene.

Esos tres actos son suficientes para confirmar que la relación afectiva que tienen estas cuatro chicas es de una verdadera amistad. Saber que siempre tienes un hombro en el que apoyarte en malos momentos y unos brazos que te envuelven en los buenos, como cuando María aprobó sus oposiciones y las tres restantes le organizaron una fiesta sorpresa con pancartas deseándole suerte y felicidad, es muy satisfactorio en la vida.

Un amigo de verdad estará contigo en tus mejores momentos, pero también en los menos dichosos, y lo hará de forma desinteresada, sin exigir nada a cambio.

Otra cuestión importante es que en la amistad no se debe simular ni mentir, pues las personas sinceras prefieren de forma clara la discrepancia a esconder lo que sienten. Es decir, con un amigo tienes que ser sincero siempre, aunque él o ella no comparta tu misma idea. La hipocresía es ruin en cualquier circunstancia, pero especialmente con aquellos amigos verdaderos. Arruina y falsea la verdad, sin la cual la palabra *amistad* se vacía de contenido.

En resumen, tenemos, por una parte, los amigos de toda la vida o los mejores amigos, que son aquellas personas a las que desnudas tu alma, que te ayudan desinteresadamente sin esperar nada a cambio y en las que te apoyas cuando te ves necesitada. Aquellas a las que pides un consejo sincero y te lo darán, incluso a pesar de que no te guste la respuesta. Y, por otra parte, tenemos los llamados «amigos sociales» (compañeros de gimnasio, de viajes, de trabajo, vecinos, grupos de padres del colegio, gente con quien interactuamos en redes sociales, etc.), con quienes compartimos nuestras actividades o los mismos intereses, pero con quienes no hablamos de nuestra vida y secretos. Estos amigos sociales también son importantes porque hacen que nuestra vida sea más amena.

Las personas somos animales sociales. Tener amigos, pertenecer a un grupo, sentirnos queridos y apoyados por otras personas es esencial para nuestro bienestar físico y psicológico.

Si hacemos un leve recorrido por el mundo de los libros, vemos que las novelas, aunque sean de ficción, están plagadas de amistades sinceras. Tenemos un sinfín de ejemplos: los cervantinos don Quijote y Sancho Panza; el ingenioso dúo formado por Sherlock Holmes y el Dr. Watson, creados por la pluma de Conan Doyle; Daniel Sampere y Fermín Romero de Torres, extraídos de *La sombra del viento* de Carlos Ruiz Zafón; los alegres Pippin y Merry, del universo de J. R. R. Tolkien; Sira Quiroga y Rosalinda Fox, dos grandes féminas de la novela *El tiempo entre costuras* de María Dueñas; la mágica relación entre Harry Potter y sus inseparables Ron Weasley y Hermione Granger…, y así podríamos seguir llenando páginas.

Reflexión final

Mi mirada sobre la amistad está fundamentada en que toda nuestra vida, cada día, a cada hora, cada minuto, cada segundo, hacemos elecciones. Todas las elecciones dirigen nuestro destino, nuestra vida. La amistad con una u otra persona la eliges tú. Es un vínculo interpersonal y afectivo entre dos o más personas y debe estar basado en valores como la confianza, la lealtad, la complicidad, el cariño, la sinceridad, el compromiso y el respeto que se depositan recíprocamente.

Las dos clases de amistad que hemos visto en páginas anteriores, la amistad social o por interés y la amistad verdadera, nos enriquecen en mayor o menor medida. Aunque, cuando pensamos en amigos, siempre nos viene a la mente alguna persona en particular, la realidad es que todas las demás amistades nos ayudan en una u otra medida a ser felices. Hay que reiterar que la amistad, al igual que el amor o cualquier afecto intenso que merezca la pena conservar, hay que cuidarla, mimarla. De no hacerlo, acabará desgastándose, se deteriorará y morirá. Una frase a colación respecto a esto último es la siguiente de Louise-Rochefort: «No hay amor ni amistad estéril. Estos dos sentimientos no pueden estar ociosos: se agitan o no existen».

Y si ocurre que, por fatalidades de la vida, perdemos una buena amistad, pese a la tristeza que puede provocar su pérdida, debemos pensar que ese tiempo que disfrutamos junto a ella estuvo lleno de buenos momentos, de risas, de historias, de abrazos, de vida. Hay que recordar y reforzar todo lo bueno que te puede haber sucedido a lo largo de tu vida con esa persona. Y al contrario, se debe pasar página de todo lo negativo. Siempre se ha de cultivar la memoria de lo positivo. Hagamos como dice la psicóloga María Jesús Álava Reyes: «Huyamos de los sufrimientos inútiles y busquemos la felicidad cada día, en cada acción, en cada momento, en cada persona».

LOLA PASTOR

@lolispastor
lspastor1@hotmail.com

Lola Pastor es licenciada en Filosofía y Letras por la Universidad de Granada y funcionaria en el Ayuntamiento de Almería desde hace treinta y un años. Desde muy joven le ha gustado leer y escribir, y durante años se ha dedicado a narrar por escrito miles de sentimientos y emociones. También disfruta obsequiando a sus familiares y amigos más allegados con algún que otro relato o poesía en días señalados, como cumpleaños y festividades. Le fascinan todos los géneros literarios; en especial, la novela. Bajo su autoría ha firmado poesías y prosas que forman parte de diversas antologías. En noviembre de 2022, publicó un libro de relatos cortos, *Amores. Cuando los recuerdos alimentan el alma*. En la actualidad, aparte de colaborar en un proyecto conjunto con otros doce escritores y de intervenir en este libro, prepara una novela contemporánea con la ilusión de seguir avanzando como escritora.

REFERENCIAS BIBLIOGRÁFICAS

Álava Reyes, M. Jesús (2010). *La inutilidad del sufrimiento. Claves para aprender a vivir de manera positiva*. La Esfera de los Libros, S. L., Madrid.

Aristóteles (2014). *Ética a Nicómaco*. Gredos, Barcelona.

Cicerón, Marco Tulio (2021). *El arte de cultivar la verdadera amistad. Un manual de sabiduría clásica sobre las amistades profundas y auténticas*. Ediciones Koan, S. L., Barcelona.

Lambert, Anne-Thérèse de (2019). *Tratado sobre la amistad*. Editorial Elba, S. L., Barcelona.

PARTE 2
LA AMISTAD
TIENE HISTORIA

Sin duda, la infancia es una fuente importante de amigos.

Los primeros años

Los lazos que se crean en la infancia suelen ser muy fuertes y son también la plataforma de lanzamiento a la pubertad y a la adolescencia.

Educar para la amistad, aprender para la vida

Entonces, el otro yo se vuelve imprescindible. Prosperan los grupos, la necesidad de identificarse a través del lenguaje, los gestos, la ropa…, y prepararse para salir del seno materno al mundo.

Mi otro yo

La amistad es un puente para el encuentro consigo mismo.

En el espejo. Amistad y desarrollo personal.

RAQUEL ASENJO DÁVILA

LOS PRIMEROS AÑOS

«El hombre feliz necesita amigos».
Aristóteles

Buchanan, Liberia. Primeras amistades

En Buchanan, a comienzos de los años sesenta, pasaba la mayor parte del día con un grupo de gente menuda. Juntos, disfrutábamos de cada jornada porque vivíamos en la misma urbanización, en unos *bungalows* con amplias terrazas y grandes ventanales, desde donde los adultos podían ver cómodamente nuestras andanzas subiendo y bajando de los columpios.

Procedíamos de países distintos, aunque no distinguíamos diferencias de origen, religión, aspecto o edad. Eso no tenía ninguna relevancia para nosotros, que no nos despegábamos los unos de los otros.

Anne y Leslie eran dos hermanas norteamericanas; Micky y Karen, suecos; Freddy, escocés, y yo, española. Había más criaturas, pero aún eran unos bebés y, por tanto, no salían de los brazos maternos.

Por las mañanas nos recogía un Landrover para llevarnos a nuestra aula de preescolar. Cada uno portaba su maletín, con un termo de agua, un bocadillo y una fruta en el interior. Teníamos una profesora norteamericana, a quien llamábamos *Miss*, que nos recibía con una gran sonrisa todos los días. Nos sentábamos en nuestras sillas y ella enseguida nos explicaba la tarea. Hacíamos manualidades en la gran mesa circular, de manera que podíamos compartirlas. Consistían en montar collares, pulseras, colgantes y muchos *collages* de temática diferente. Recogíamos hojas, pétalos, tallos de plantas…

Cada día cantábamos y, para seguir el ritmo de la canción, hacíamos unos pasos de baile alrededor de la gran mesa central, que la profesora practicaba primero y luego nosotros con ella. Llevábamos cuentos de casa y los leíamos allí. *Miss* empezaba la lectura y podíamos sentarnos en el suelo o en la silla a escucharla. Acabábamos rodeándola y apoyándonos unos en otros muy cerca de ella, como si nos hubiese hechizado con su forma de interpretar el relato y tuviera una capacidad mágica especial para captar toda nuestra atención.

Esta experiencia coincide con la teoría compartida por numerosos estudiosos respecto al entorno infantil y al profesor. Por ejemplo, Melero y Fuentes recogen: «En esta etapa, las amistades están muy condicionadas por la posibilidad de encontrarse en el mismo espacio geográfico, por lo que los amigos son los vecinos y los compañeros de clase».

Y nuestro grupo de clase estaba guiado por *Miss*, quien empleaba la metodología idónea para captar nuestro interés y atender nuestras necesidades. Por eso, deseábamos volver al aula cada mañana, donde nos esperaba una maestra excelente.

El papel del educador es determinante. Melero y Fuentes añaden que este influye en la formación de amistades mediante «el establecimiento de una dinámica participativa, así como una actitud de aceptación del profesor respecto a todos los niños que evite ridiculizar e ignorar a ningún niño».

Tras regresar a casa, nuestra rutina diaria consistía en merendar y reunirnos lo antes posible para montar en los columpios, en el triciclo, en la bici, en el carro de cuatro ruedas, donde cada vez empujaba uno y se subían los demás. O volábamos las cometas, o jugábamos a esconder cosas y encontrarlas.

Una vez escondí una zapatilla verde que enterré en una zona de arena y palmeras. Lo hice tan bien que, por más que mis amigos se pusieron a mi lado para hacer equipo y ayudarme a excavar y remover arena, no pudimos encontrarla. Así que volví a casa con un pie descalzo, para susto de mi madre, quien no concebía que se diera un paso sin los zapatos puestos porque, decía, te podías clavar cualquier cosa, enfermar y morir, así de rápido al parecer. Yo veía que mis compañeros y sus madres no daban tanta importancia al asunto del calzado y, de hecho, cuando yo entraba en sus casas, me descalzaba porque era lo que ellos hacían. En realidad, la costumbre de dejar el calzado en la entrada la seguían todos los miembros de sus familias. «Donde fueres, haz lo que vieres», decía mi padre. Y yo hacía, encantada, lo mismo que mis amigos.

El peso de la amistad en la jungla

Un colega de mi padre tenía un mono muy pequeño, más pequeño que un bebé humano, y mis amigos y yo nos enamoramos del animal cuando lo trajo a casa. Mis muñecas eran bastante rígidas, no se movían, no parpadeaban, no comían y tampoco me abrazaban. Conseguí convencer a mi padre para que nos llevara a la selva, y fuimos a buscar al animal que ansiábamos.

Salimos bien tapados, con ropa cubriendo piernas y brazos, además del consabido gorro que siempre nos ponían por el sol tan intenso de aquellas latitudes. Agarrados de la mano por parejas, llevábamos buen paso desde el principio, emocionados por encontrar un monito.

«Aunque si es muy joven, tiene que alimentarse de su mamá, y se pondrá muy triste por separarse de ella», dijo Karen.

En eso no habíamos pensado. Era estupendo tener una amiga de más edad para aclarar ciertas cuestiones. Y el grupo al completo estuvo de acuerdo con ella. Trataríamos de maravilla a los que nos lleváramos para que estuviesen contentos y felices por estar con nosotros. Los sacaríamos a jugar como si fuesen unos amigos más: montarían en los columpios e irían a la playa. Harían lo mismo que nosotros, excepto ir a clase. Esa era la única diferencia que notaríamos. Caminábamos encantados con nuestros planes.

Luego Karen añadió que, si solo consiguiéramos uno, podría vivir cada día en una casa. Así también lo pasaría fenomenal.

Otra vez tenía razón.

Seguimos durante una hora sin ver ni oír a un solo mono, solo los ruidos de aves, reptiles y otros bichos que sonaban por todas partes, incluso aumentaban a medida que nos sumergíamos en la espesura. Pero ni un mono. Sin embargo, a pesar del calor y la humedad, continuamos mirando sin descanso entre la maleza, que se volvía más espesa a cada paso.

Micky fue el primero en tropezarse. No nos sorprendía porque era su especialidad. Si alguno se caía o se resbalaba, no era otro que él. Y si veía un charco, se quitaba la ropa y se metía. Por más que lo avisáramos de que su madre se enfadaría con él, no le importaba. Conseguía hacernos reír y, quizás por eso, le compensaba la regañina materna. Ningún otro se atrevía con semejante «hazaña». Micky era único.

Con el segundo resbalón, cayó al suelo, por lo que el grupo se detuvo. Nos percatamos de sus gesticulaciones, también muy típicas de él, con los ojos cerrados, mordiéndose los labios y encogiéndose sobre sí mismo; pero, al intentar ponerse en pie, soltó un grito de dolor. Eso nos preocupó, porque Micky no era precisamente un quejica; algo le estaba doliendo, de modo que enseguida lo rodeamos para ayudarlo. Se había torcido un tobillo o, quizás, se trataba de un hueso fracturado. Nuestro interés por el mono se desvaneció justo al ver las lágrimas de Micky. La salud de nuestro amigo era lo más importante.

Mi padre le quitó las botas y la mochila, se lo cargó a la espalda y regresamos a casa.

Ni una vez más vimos al monito de su amigo, porque lo devolvió a una reserva para que aprendiese a vivir con los de su especie, que era donde debía estar, dijo mi madre.

Amistad más íntima

De todo el grupo, mi íntimo amigo era Freddy. Casualmente, nuestras casas eran las más próximas y nuestras respectivas madres se llevaban muy bien. En cualquier caso, Freddy y yo competíamos a la menor ocasión: corriendo, saltando y columpiándonos.

Pero Freddy no trepaba en la barra tan deprisa como yo, y para mí era un placer demostrarle mi superioridad.

Esas habilidades llegan a influir en las amistades, como corroboran Melero y Fuentes: «Los amigos se definen unos a otros principalmente por sus atributos físicos (fuerza, belleza), a diferencia de otras etapas en las que predominan los atributos psicológicos».

Aunque Freddy se consolaba con las palabras de su padre: «Los chicos, al hacerse mayores, van teniendo músculos más grandes que las chicas». Algo de lo que mi mente infantil dudaba por completo, y confiaba que mi caso, por lo menos, fuese excepcional. Él ya era un poco más alto que yo y pesaba bastante más; por tanto, sus músculos ya eran superiores a los míos.

Aquello desataba mi indignación y lo atacaba cantándole una canción inventada para él, para molestarlo. Me metía con el color rojizo de su pelo y sus pecas. Además, tenía una finísima cicatriz sobre su nariz respingona, como si fuese un arquito blanco justo encima. Se la había hecho de pequeño cuando se cortó con un vaso de cristal roto. Casi no se apreciaba, pero era otro elemento que considerar cuando se le quería atacar.

Esta forma de comportarse, según escribe Zick Rubin, se adquiere entre los cinco y los nueve años de edad, lo que Sullivan llama *the juvenile era*: «[…] los niños no solo aprenden cómo han de unirse a los demás, sino también cómo pueden rechazar a otros […], a estereotiparlos […] y a participar en comportamientos regresivos […]».

La tirantez que hubiera se resolvía en cuanto dejábamos de vernos, al entrar en casa. Y si yo veía caña de azúcar en la cocina, salía corriendo para llamar a Freddy y darle un buen trozo. Sin mediar más palabras, ambos nos poníamos a chupar, ablandar, masticar y succionar aquello que nos gustaba más que cualquier golosina, como roedores deleitándose con el dulzor de lo que extraíamos.

Tal placer compartido refuerza la amistad, así lo recogen Melero y Fuentes: «La amistad se mantiene y reafirma mediante las actividades lúdicas y los actos de buena voluntad como compartir juegos y golosinas».

Igualmente, los adultos reafirmaban sus lazos con actividades que los hacían disfrutar. Organizaban meriendas los sábados en cada casa. Recuerdo el bullicio y las carcajadas que oía desde mi dormitorio mientras el sueño se iba apoderando de mí.

Ellos también eran amigos estupendos. Y lo continuaron siendo hasta que las obras de construcción del puerto de Buchanan, que mi padre dirigía, finalizaron. Entonces, nos marchamos.

Salamanca, España. ¿Nuevas amistades?

Llegamos a Salamanca, lugar en el que yo había nacido por ser la tierra materna, aunque apenas tenía recuerdos del pueblo de mi madre, donde vivían mis abuelos. De todas formas, nos instalamos en la capital. Me pareció que hacía mucho frío en ese lugar. Había que ponerse bufanda, guantes y gorro, pero de lana, a diferencia de Buchanan, donde usábamos ropa de algodón o de paja para protegernos del sol.

Me matricularon en un colegio de monjas y debía llevar uniforme. Jamás había visto a una monja ni un uniforme, y casi ni los colores del atuendo. No me había puesto una sola prenda con tonos tan oscuros en mi vida, ni unos zapatos marrones tan cerrados.

Llegué sin tener una sola conocida en clase. Me senté donde me mandaron y me dijeron que no se podía hablar. En el aula solo hablaba la profesora. Me extrañó mucho porque en Buchanan podíamos contar cosas, leer, preguntar, interpretar personajes de cuentos, cantar, aplaudir, bailar y, sobre todo, reírnos mucho con *Miss*.

En el recreo del nuevo colegio salíamos a un patio con una fuente para beber. Hacíamos cola porque todo el mundo quería agua. La fila podía resultar interminable, ya que quienes tenían hermanas, primas y amigas se iban colando con permiso de la que mandaba en la fuente, que era la primera que salía al patio y corría para alcanzarla y tocarla. Este logro la hacía merecedora del mando ese día. Al principio, yo regresaba a clase sin haber bebido porque sonaba el timbre y tenía que volver. Después, decidí refrescarme en el lavabo del cuarto de baño cuando era la hora de salir al recreo, pues era el único momento en el que daban permiso.

En el patio me ponía junto a la tapia y miraba cómo jugaban el resto de niñas. Tenían sus grupos bien cerrados, pues se conocían de toda la vida y hablaban todas igual. Yo debía tener un acento algo diferente, algo que escuché decir en alguna ocasión, aunque no era capaz de reconocerlo en mí misma.

Ante la falta de contacto humano, llevé mi muñeca Bella en la cartera para jugar con ella en el recreo. Era la muñeca más bonita que tenía, me la habían regalado en Buchanan unos amigos de mis padres. El pelo era pelirrojo, como el de Freddy, y con ojos azules como él. El vestido era rosa, con enaguas blancas, un pañuelo también rosa en la cabeza, y los zapatos y calcetines, blancos. Aquel rato de descanso me trasladaba a mi paraíso particular rodeada de todos mis amigos de Buchanan y lo pasaba muy bien con mis ensoñaciones. Lo que imaginaba me contentaba plenamente y se convertía en parte de mi mundo real.

J. A. García Madruga y Juan Delval comentan: «A través del juego el niño manifiesta sus sentimientos, sus deseos y su relación con la realidad». Y ellos mismos añaden que, para Freud, «el juego está relacionado con la expresión de las pulsiones inconscientes, y el niño realizaría a través del juego, esto le satisfaría, los deseos insatisfechos en la realidad».

Verdaderamente, mis deseos estaban con otra gente y en otro lugar, a los que tanto añoraba, porque en mi entorno escolar no tenía ninguna amiga. Pero, incluso siendo la única participante de ese juego, disfrutaba muchísimo y sobrellevaba la carencia de nuevas amistades.

Era perfectamente consciente de eso.

Un día dejé la muñeca en la cartera por falta de tiempo para sacarla y, al volver a clase, vi que Bella no tenía su alfiler dorado con su nombre grabado. Debía haberse desprendido, pero hasta llegar a casa no podía comprobarlo porque en clase, como decía la monja, no debía entretenerme con menudencias infantiles.

En mi habitación vacié la enorme cartera y no encontré nada. Al día siguiente, preferí dejar la muñeca en mi cama. En su lugar, llevé un estuche de paja de los que *Miss* nos enseñó a hacer y guardé unos lápices de colores americanos, por si me hacían falta. Afortunadamente, tuvimos que colorear una lámina con un dibujo de animales, por lo que fue la ocasión de estrenar mis pinturas, tarea que hice llena de orgullo, como les conté a mis padres en casa.

Antes de cenar, preparando la cartera para la mañana siguiente, observé que no tenía el estuche. También saqué todo el contenido. Casi metí la cabeza intentando encontrar mi portalápices, pero no hubo fortuna. No lo hallé. No sabía en qué momento habría desaparecido, pero ahí no estaba.

Compungida y entre sollozos, se lo conté a mi madre. Me dijo que se habría extraviado, que a veces nos despistábamos con alguna cosa y no lo recordábamos. Pero eso era imposible. Yo había guardado el estuche en la cartera antes de salir al patio. Estaba completamente segura. Pero la palabra *robo* no se pronunció en ningún momento.

No llevé ningún recuerdo más de Buchanan. No podía arriesgarme.

Continué asistiendo al colegio en completo silencio. Para orar, reflexionar y concentrarse, era lo mejor, según decían las monjas. Aunque, de vez en cuando, usaba algún monosílabo.

Meses después, por mi cumpleaños, me regalaron un bolígrafo con muchos colores y, llena de alegría, lo metí en la cartera, porque había tareas que escribíamos con lapicero, mientras que otras las hacíamos con boli. Y llegado el momento, pude utilizarlo.

Solo duró aquella jornada. También desapareció, pero en casa no admitirían nunca que me habían metido en un colegio de ladronas y tampoco fueron a comentarlo con las monjas. Quizás porque mi padre no congeniaba demasiado con ellas desde aquel día que fue a recogerme a la salida.

Me aguardaban en el coche para ir a casa de mi abuela y yo no aparecía. Hartos de esperar, entró mi padre en el colegio y le dijeron que estaba castigada. Me sacó de allí y me metió en el vehículo. Él regresó para hablar con la monja y no sé qué se dijeron, pero, al cabo de un rato, volvió con cara de pocos amigos, como solía decirse, y condujo en silencio todo el trayecto.

Me habían castigado porque no sabía las horas del reloj. Bueno, conocía las horas en punto y los cuartos, pero no las demás. Ni siquiera las habíamos estudiado en clase todavía. Quizás las enseñaron antes de que yo llegara. La cuestión es que me mandaron a un cuarto, apagaron la luz y cerraron la puerta. No sé el tiempo que estuve allí metida, pero se me hizo eterno sentada en la única silla de la estancia.

Desconozco en qué marco pedagógico encajaría la metodología educativa empleada en aquel centro. ¿De qué manera puede propiciar el aprendizaje un cuarto completamente oscuro? ¿Por generación espontánea o por iluminación neuronal?

Debería volver por allí para conocer la respuesta.

Evidentemente, durante aquel curso fui sustituyendo o compensando la necesidad de amistad con el apoyo y la buena relación con los miembros de mi familia. Terminé sin haber hecho una sola amiga. A pesar de compartir aula, patio, edad y sexo, no se produjo una interacción amistosa entre iguales. Madruga y Delval resumen la amistad en la infancia como «un tipo muy especial de interacción en la que se producen intercambios emocionales y cognitivos».

En esa experiencia colegial, mis intercambios emocionales se constriñeron a ver que existía un grupo, por un lado, y yo, por el otro.

A este respecto, Melero y Fuentes apuntan que «los [niños] más rechazados son los que se niegan a colaborar, ignoran a los demás». Indudablemente, los estudiosos tendrán argumentos para constatarlo, pero ¿cómo iba yo a colaborar con las ladronas o con gente que no me permitía beber agua de la fuente del patio?

Ellas no existían para mí, y yo, tampoco para ellas. No nos hablábamos, no nos enfadábamos y, prácticamente, no nos decíamos nada. Éramos existencias paralelas. Cada cual, en su mundo.

Y en cuanto al aspecto cognitivo, aprendí que no es obligatorio conversar con quienes te rodean. Era suficiente con decir «Buenos días» y «Adiós», y responder correctamente a la monja.

Me he sumergido en manuales de psicología evolutiva buscando alguna teoría que, a mi modo de ver, pudiera ser calificada como «ostracismo absoluto», pero no he encontrado nada al respecto. Aunque lo cierto es que no he podido leer cada estudio publicado. De todas formas, lo consultado se refiere a comportamientos generales o mayoritarios, lógicamente, y no a los individuales.

Sin embargo, cualquier individualidad distintiva y particular también debe tenerse en cuenta, como argumenta Zick Rubin: «Hemos de respetar las diferentes necesidades y estilos sociales de los diversos niños, incluyendo la auténtica necesidad de vida privada y soledad que muchos presentan […]. Durante la infancia […], los niños aprenden la habilidad de la desviación táctica, y con ello, inevitablemente, el grado de autodecepción que implica».

Pudiera haber sido mi caso en aquel momento, pues mi estilo social había dado un giro de ciento ochenta grados. De disfrutar al aire libre, bien en el jardín o en la playa, jugando durante horas con mis amigos, que eran mis vecinos y compañeros de clase, a la vez que nuestros padres celebraban su amistad, a encontrarme batiendo un récord de silencio y soledad estando rodeada de gente, pero alejada de todos ellos, había una gran distancia. Por ello, entiendo, aumentó no solo mi capacidad de fantasear para entretenerme yo sola en el recreo, sino también mi capacidad de observación de la conducta humana.

Me fui del colegio de Salamanca e, incluso, de la misma ciudad.

Otro lugar, España. ¿Otras amistades?

Nos instalamos en el norte de la península: primero, en Somorrostro y, luego, en Bilbao.

Por primera vez en mi vida asistiría a una escuela pública unitaria durante un curso.

Mi expectativa no podía ser mayor al entrar en territorio desconocido, ser la nueva, esperar la reacción de los demás, guardar silencio por prudencia, necesitar ser introvertida, pero, sobre todo, confiar en la acogida, pues no iba con alma de proscrita por mi experiencia anterior. «Gente amable hay en todas partes», decía mi padre. Y, efectivamente, así pude comprobarlo. Fui integrándome gracias a unas compañeras entrañables, a una profesora comprensiva y a mi paciencia para esperar cuanto fuese necesario.

De nuevo, se apunta a la labor del docente en palabras de Melero y Fuentes: «El profesor […] puede favorecer y optimizar la comunicación y formación de amistades […] desde su actitud ante las interacciones infantiles hasta los métodos educativos y la estructuración del espacio escolar».

Me sentí a gusto enseguida en aquel entorno y asistí encantada a clase, porque me permitieron pertenecer a ese grupo tan heterogéneo.

Consideraciones finales

En definitiva, la teoría general en el periodo preescolar insiste en el egocentrismo infantil. Madruga y Delval así lo reflejan: «Visión egocéntrica de la amistad. Se caracteriza por encuentros inestables con muchas rupturas de la relación».

Igualmente, Melero y Fuentes lo apoyan: «Los niños a esta edad poseen una perspectiva egocéntrica en la forma de entender y evaluar la amistad (Selman, 1981)».

Seríamos egocéntricos, cada uno tendría su afán en su propio interés y divertimento, pero, siéndolo al unísono, el grupo entero sentía una satisfacción total.

Nosotros en Buchanan jugábamos a todo y con todos durante las veinticuatro horas del día si nos hubieran dejado. Cambiábamos de actividad de manera sincronizada. Intercambiábamos útiles de juego, triciclos, bicis, carros, cometas.

Zick Rubin apunta que la mente se va abriendo al interactuar con otros con el paso del tiempo, aunque la comprensión de la reciprocidad no cabe ni siquiera entre los seis y los ocho años: «En ese estadio […] no existe toma de conciencia acerca de la naturaleza recíproca de la amistad».

No existirá toma de conciencia por la inmadurez propia de la edad, pero nosotros sabíamos con quién queríamos estar. Y esos eran los amigos para jugar, jugar y jugar. Éramos seis, nos conocíamos de siempre y encajábamos como piezas de un puzle.

Quizás, ante la aparición de un individuo nuevo, nos hubiésemos comportado como lo hicieron conmigo en el colegio de Salamanca. No lo sé, aunque lo dudo. Las canciones, los bailes, los collares de colores, los estuches y las risas con *Miss* nos daban la bienvenida a todos por igual.

Es indiscutible que mi caso no es significativo, sino anecdótico. Pero es un ejemplo de que la resiliencia de la mente infantil es inmensa y que unas primeras amistades dichosas e intensas sientan las bases para afrontar episodios complicados que puedan presentarse con posterioridad. Siempre y cuando la criatura reciba, en primer lugar, el soporte familiar necesario, mediante un sólido vínculo afectivo y un grado de confianza plena, y, en segundo lugar, la protección y comprensión del docente. Ambos pilares son fundamentales en el equilibrio emocional infantil y su búsqueda de la amistad, porque, como dice Aristóteles: «el hombre feliz necesita amigos».

RAQUEL ASENJO DÁVILA

◎ @raquel_asenjo_escritora

✉ rasenjodavila@gmail.com

Raquel Asenjo Dávila es licenciada en Filología Inglesa por la Universidad del País Vasco y diplomada en Lengua Española y Extranjera por la misma institución. Finalizó los seminarios de doctorado en Literatura Comparada (Milton y Quevedo) en la Universidad de Deusto, Bilbao. Ha recibido numerosos títulos; entre ellos, un certificado de aptitud en Inglés por la Escuela Oficial de Idiomas de Bilbao y un diploma en Dirección y Gestión de Recursos Humanos en Madrid, y ha participado en un curso de Corrección de Textos impartido por la Universidad de León. Su trayectoria profesional se ha centrado en la enseñanza, pero también ha realizado trabajos de traducción e interpretación. Su amor por la literatura la ha llevado a escribir varios relatos y novelas; dos de ellas, publicadas por la editorial Círculo Rojo: *Créeme, vas a comerte el mundo* y *El guacamayo*. En la actualidad, está inmersa en otra historia de ficción, donde refleja su profundo interés por la condición humana.

REFERENCIAS BIBLIOGRÁFICAS

Fuentes Rebollo, M. J. y Melero Zabal, M. A. (1992). «Las amistades infantiles: Desarrollo, funciones y pautas de intervención en la escuela». *Revista de investigación en la escuela*, n. º 16, Universidad de Málaga, Universidad de Cantabria (Santander).

Madruga, J. A. y Delval, J. (2010). «La formación inicial de los vínculos sociales», en Begoña Delgado Egido y Pilar Herranz Ybarra, cap. 4, *Psicología del desarrollo I*, Colección Grado, UNED, Madrid.

Polo, Leonardo (2008). *La amistad en Aristóteles*. Servicio de Publicaciones de la Universidad de Navarra, Pamplona.

Zick, Rubin (1998). *Amistades infantiles*. Traducción en castellano. Morata, Madrid.

SHIRLEY CATHERINE RODRÍGUEZ

EDUCAR PARA LA AMISTAD, APRENDER PARA LA VIDA

«La amistad nace en el momento en que una persona le dice a otra:
"¿Cómo? ¿Tú también? Creí que era el único"».
C. S. Lewis

Hace unas semanas, mi sobrino me hizo una entrevista como parte de una tarea del colegio: «¿Cómo era la educación cuando eras niña? ¿Qué te gustaba de tu colegio y qué no? ¿Qué profesor recuerdas más y por qué? ¿Qué te hubiese gustado cambiar de esa escuela a la que ibas?».

En ese momento, los recuerdos me sobrevinieron y rápidamente empecé a pensar en anécdotas o experiencias que me ayudaran a responder a ese interrogatorio. Se me ocurrieron numerosas opciones, pero mi sobrino solo tiene siete años, así que traté de ser concreta y ofrecer ideas que él fuese capaz de asimilar y que pudiera sustentar después al exponerlas en clase. Por ejemplo, le dije que recordaba mucho a mi profesor de Literatura, quien me inspiró y me motivó a seguir leyendo. Le conté que, una vez, hicieron un concurso que consistía en realizar un dibujo que reflejara la interpretación de un libro, titulado *La familia de Pascual Duarte*, y mi creación fue la ganadora, no tanto por la calidad del dibujo, sino porque había logrado capturar la esencia de aquella novela, gracias a la adecuada orientación de mi profesor.

Al quedarme sola, empecé a pensar las respuestas que nunca salieron de mi boca y se arremolinaban en mi cabeza. No sé si han llegado a experimentar esa sensación en la que se empieza esbozando una idea, y esta se asocia con otra y, a su vez, esta última enlaza con otra distinta, hasta terminar en un tema sin aparente conexión con el planteamiento inicial. A mí me pasa con frecuencia...

Así que empecé rescatando de mi mente lo que más me gustaba del colegio y, a medida que transitaba en esa regresión, acabé por darme cuenta de algo, que no lograba acordarme de los rostros de mis amigos de la infancia. Es sorprendente, porque me acuerdo de episodios concretos, pero no consigo ubicar un solo rostro. No se trata únicamente del hecho de que los humanos tenemos capacidad de recordar a partir de cierta edad y que, por ello, cuando somos adultos, no somos conscientes de algunas situaciones que vivimos durante la primera infancia. Se suma a esta condición la realidad de que, lamentablemente, no conviví mucho tiempo con estos amigos, por lo que no poseo nexos que me inviten a recordarlos. A raíz de ello, me he preguntado muchas veces si se requiere tener experiencias significativas para llegar a considerar la relación con aquellos niños como una amistad. Por mi parte, concluí que la razón para no lograr esta convivencia podría estar relacionada con viajar. El ser viajera está en mis genes.

Para entenderlo mejor, aportaré un poco de contexto. Por razones laborales, mi familia y yo nos mudábamos con cierta asiduidad. Nací en Medellín, y mi hermana menor, en Manizales. Vivimos en Cartagena, en Cúcuta... Allí finalicé mis estudios de primaria. El bachillerato lo hice en Bogotá, aunque en dos centros diferentes; en esta última ciudad tuve la oportunidad de cursar mis estudios universitarios. Cuando empecé a trabajar, y siguiendo la dinámica familiar, aunque no premeditadamente, me fui a otra ciudad; en realidad, a otras ciudades. El trabajo me llevó a Barrancabermeja y, luego, al Putumayo, donde conocí a quien hoy es mi esposo; él también se encontraba allí por motivos profesionales. Después, me radiqué en Cali, pero seguía viajando continuamente. En ocasiones, se trataba de viajes de ida y vuelta; otras veces, estaba fuera varios días. Así que aprendí a ser práctica, a viajar ligero, a adaptarme a las circunstancias. En algún momento, volví a Bogotá como base en la que asentarme, pero sin dejar de recorrer el país. Puedo decir que, durante estos veinticinco años de experiencia laboral, logré conocer realmente mi tierra.

Por eso, cuando me preguntan de dónde soy, siempre digo: «¡Colombiana! Porque tengo un pedacito de cada lugar». No contenta con esto, y rompiendo los límites fronterizos, cada vez que encuentro la oportunidad, voy a conocer un sitio distinto, en cualquier parte del mundo. Creo que la experiencia que se adquiere viajando y conociendo personas y culturas diferentes no se adquiere fácilmente por otros medios. Ahora me gusta tanto viajar que tomé como *hobby* señalar los lugares visitados en un mapamundi que compré para tener mi propio registro. Por mí, iría hasta la luna si pudiera.

Nací en los setenta, lo cual implicaba no tener acceso a las ventajas tecnológicas con las que hoy se cuenta. Así que, cada vez que cambiaba de ciudad, estaba prácticamente garantizado que perdía el contacto con mis amigos del momento. En aquella época, no se alentaba a los niños de esa edad a que escribieran cartas para mantener sus relaciones.

De los recuerdos que tengo de mi época de estudios primarios, aparecen algunas anécdotas en el salón de clases, en el patio escolar, en la ruta, pero no de personas con las que interactuaba en aquellos espacios. Mis imágenes parecen escenas de un sueño, donde solo distingo figuras, pero ningún rostro claramente identificable. Pero, por alguna razón, recuerdo el nombre completo (nombres y apellidos), sin asociarlo a rasgo alguno, de mi primera mejor amiga. Se llamaba Beatriz Ayleen. No sé si lo recuerdo porque es un nombre sonoro, o por el hecho de que fue mi primera mejor amiga. Deduzco, basándome en la teoría que existe sobre cómo se generan los lazos de amistad, que tuvo que haber algún hecho emocional que me marcó y me ató a ese nombre. Pero, probablemente, nunca lo averiguaré.

Ya mayor, mientras cursaba bachillerato, tuve varias mejores amigas, con las que compartía mi tiempo dentro y fuera del aula, ninguna de forma permanente o simultánea. En un sitio, contexto o tiempo determinados, siempre encontraba una buena amistad que luego se perdía por circunstancias de la vida. De esta época sí guardo recuerdos claros, de travesuras, de bailes, de representaciones teatrales; incluso conservo algunas fotografías de paseos o actividades que solíamos hacer juntos. Años después, busqué a algunos de esos amigos vía Facebook. Ese es, hoy por hoy, nuestro máximo contacto.

Relacionándolo con el título de este relato y con la pregunta desencadenante de mi sobrino, no he sentido que desde el sistema escolar se haya fomentado la amistad; claro que eran otros tiempos, pero no creo que las cosas hayan cambiado...

Ya en la universidad, donde se espera que seas autónomo y que te comportes como un profesional, aun cuando apenas te estás formando para ello, por supuesto no se contempla de ninguna forma la promoción de la amistad desde el ámbito educativo. Sin embargo, fue en este espacio donde se formó mi «combo».

Nos hicimos amigas desde la semana de inducción (espacio en el que interactúan los «primíparos» o estudiantes que ingresan por primera vez en la universidad, y que tiene lugar antes del inicio formal de clases). Incluso ahora, cuando nos reunimos las Brujas y nos acordamos de aquella época, coincidimos en que lo nuestro fue como amor a primera vista. El grupo de nuevos era grande, pero en las primeras interacciones la compatibilidad fue evidente y, a partir de entonces, nos verían juntas en todo momento. Creo que, como indica la cita de C. S. Lewis que abre este escrito, cada una, a su manera, descubrimos que no éramos únicas, que no estábamos solas y que teníamos grandes afinidades entre nosotras, nos complementábamos.

Hoy, treinta años después, seguimos compartiendo espacios. A veces, solas; otras veces, con nuestras familias. Pero seguimos encontrando puntos en común que nos recuerdan el porqué de ese vínculo que establecimos años atrás. Desde entonces, hemos estado pendientes unas de otras, a pesar de las distancias, de los viajes, de las ocupaciones y del día a día.

Eso no quiere decir que mi ruta por hacer amistades se hubiese acabado allí. En mi trayectoria laboral hice nuevos amigos, que estimo mucho y con los cuales también comparto mi tiempo y mis aficiones, pero resalto mis amigas universitarias porque son las primeras que he logrado conservar hasta hoy.

Si el sistema escolar no influyó y, en este caso, también hubo traslados, me pregunto cómo logramos conservar nuestros vínculos. Supongo que la identificación mutua, de manera consciente, contribuyó a este logro. Leí que la duración promedio de una amistad es de cinco a siete años; si las relaciones sobreviven este tiempo, será una amistad para siempre. En el mismo artículo se daban algunos consejos para conservar la amistad, aunque no especificaba a qué edad, en qué época o contexto de la vida se aplicaba, solo eran un par de recomendaciones para conservar a los amigos en cualquier edad.

Entonces, comparé mi experiencia con la de mi esposo, cuya niñez y cuya educación fueron más estables, si se puede decir así. Él vivió y estudió toda su primaria y bachillerato en un pequeño pueblo, donde todos se conocen y donde su familia tenía información permanente y al instante de lo que él hacía, de quiénes eran los padres de sus amigos, etc. Así, aunque él no contara nada acerca de sus actividades, sus padres lo sabían a través de otros: «Don Joaco, vimos a su hijo en la heladería. Estaba con tal…». Mirándolo por el lado bueno, supongo que esto ayudaba a controlar ciertas travesuras; así es la vida en los pueblos pequeños. Por supuesto, sus mejores amigos, hoy en día, son aquellos que hizo a temprana edad y hoy llevan cerca de cincuenta años juntos. Pero, además, tiene otros grandes amigos que hizo en la universidad.

Durante un tiempo pensé que, dada mi condición de viajera, no me era fácil conservar mis amigos de infancia; sin embargo, después empecé a notar que en realidad el «bicho raro» era mi esposo, porque, si bien es cierto que los amigos del colegio te suelen durar toda la vida, también es verdad que solo una de cada cuatro personas conserva esos amigos que se hacen en el colegio. No es tan común que tu mejor amigo sea precisamente quien conociste en tus primeros años de educación. Mi esposo es uno de esos casos anómalos, porque no suelo encontrar, entre las personas que conozco, ese tipo de relaciones en las que, «después de viejos», como decimos en mi país, se siguen conservando esos amigos.

No dejo de cuestionarme si realmente la falta de comunicación tecnológica impidió que yo pudiese conservar mis amistades del colegio. Claro, hoy en día resulta mucho más sencillo mantener amistades que se encuentren en diferentes puntos geográficos, a través de mensajería instantánea o videollamadas, pero en aquella época solo podíamos comunicarnos a través de cartas, donde la única forma de interaccionar con alguien lejano era escribiendo notas que viajaban físicamente hasta llegar al interesado. Y volvía a preguntarme si el sistema escolar o la cultura de la amistad que operaba en la época tuvo que ver en que no se promoviera este contacto ni se motivara el fortalecimiento de esos vínculos afectivos. En aquel tiempo no se hablaba de educar para generar o mantener amistades y, desde la perspectiva de los adultos, el mensaje que se repetía era «Harás nuevos amigos allá donde vayas», no «Cuida tus amistades». Y sí, se hacían nuevos amigos, pero era difícil que se mantuvieran los anteriores.

Quizá para las nuevas generaciones sea diferente. Ojalá pudiera viajar al futuro y comprobar cómo es la dinámica para mis hijos. Lo que observo hoy es que sus amigos son más virtuales que físicos, es decir, aun estando en la misma ciudad, conversan vía digital; con mayor razón con los amigos que han hecho en otras ciudades. Tal vez, en este contexto, ahora más que nunca, se necesite educar para la amistad, y no veo que en los currículos esto se tenga contemplado. La educación sí ha cambiado con el tiempo, pero aún cuenta con varias carencias, según mi criterio. Todavía se centra mucho en el componente evaluativo y principalmente en el logro de los resultados en pruebas estandarizadas; los colegios públicos no tienen los recursos, y quizás la motivación, para hacerlo, y la mayoría de los centros privados están ocupados tratando de mantener o mejorar sus posiciones dentro del *ranking*, así que sus esfuerzos se suelen dedicar a trabajar las asignaturas que les van a ayudar en ese objetivo.

En esa búsqueda incesante de respuestas a mis elucubraciones, indagué sobre avances en la materia y encontré estudios que se han hecho desde las perspectivas filosóficas y psicológicas de la amistad y cómo estas influyen en el desempeño escolar; pero no encontré información sobre el modo en que la educación ayuda a proponer y mantener los vínculos socioafectivos de la amistad.

En esa investigación académica, me hallé frente a un decreto de la ONU para celebrar el 30 de julio como el Día Internacional de la Amistad; hecho que, además, valida la UNESCO. Se propone a los Gobiernos y organizaciones internacionales que celebren e inviten a la sociedad a realizar actividades relacionadas con esta conmemoración. Pero ¿por qué la ONU define una fecha internacional para esta celebración? Ellos plantean que, para abordar problemas como la pobreza, violencia o violaciones de los derechos humanos que amenazan la paz, la seguridad, el desarrollo y la armonía social, es necesario atajar las causas que los provocan, impulsando y defendiendo la solidaridad, que puede manifestarse de muchas maneras, como, por ejemplo, mediante la amistad.

Según se indica en este decreto,

> [...] a través de la amistad, cultivando los lazos de la camaradería y fortaleciendo la confianza, podemos contribuir a los cambios fundamentales y necesarios para alcanzar una estabilidad duradera, tejer una red de apoyo social que nos proteja a todos y generar pasión por lograr un mundo mejor, todos unidos por el bien común.

Ciertamente, a ninguna de las Brujas jamás se nos ocurrió pensar que este vínculo que hicimos pudiera tener un significado tan profundo e incluso ir más allá de nuestros lazos relacionales; no logramos dimensionar el impacto que pueden tener las amistades, tal como lo está proponiendo ONU. Sigo pensando que desde la educación se debe trabajar el fomento de la amistad, porque favorece la autonomía y autoestima de los jóvenes, mejora su desempeño escolar y, por ende, su nivel de responsabilidad. Y también que una educación sobre el tema debe ofrecer herramientas para discernir sobre decisiones que pueden afectar a nuestra vida futura. Realmente, nunca me había dado cuenta de la magnitud del alcance que pueden tener las relaciones de amistad en la sociedad.

Actualmente se habla mucho de la educación para la paz, quizá tiene relación con el planteamiento que hace la ONU al respecto; sin embargo, no he identificado que se hable expresamente de la educación para la amistad. Tal vez se da por sentado que se incluye en la formación que se les da a los estudiantes de forma transversal, pero para mí no queda tan claro ni explícito. Creo que la amistad es uno de los valores que se deben desarrollar en la educación; aun así, no he visto en ninguna programación didáctica cómo se va a trabajar este concepto. Puede que esté inmerso o perdido en la gran gama de valores que se desarrollan desde la educación formal.

Claramente, mis lazos de amistad se fueron forjando con la experiencia y, quizá, en medio del azar, pero en mi época escolar nadie me habló de la amistad como valor, resultando en el pronto quiebre de los vínculos que hice en ese momento. Y a pesar de que la educación ha cambiado notablemente, y seguro que nos queda aún mucho por ver, no noto que desde los colegios se promueva esta iniciativa; por lo menos, no en la generalidad, habría que ver la particularidad de cada centro. Puede que en la política educativa tampoco se haya evaluado el impacto de la amistad en la sociedad y por ello no se haya actuado aún en consecuencia.

Continuando con mi labor de recabar información, uno de los ejemplos particulares que encontré fue una investigación muy interesante en la que se trabajó un modelo de educación deportiva en una escuela rural que buscaba desarrollar los conceptos de «amistad», «responsabilidad» y «necesidades psicológicas básicas» (autonomía, competencia y relación) en el entrenamiento deportivo. En términos generales, se promovían las relaciones de amistad entre los estudiantes de manera deliberada y, al final del estudio, estos no solo tenían mejor rendimiento deportivo, sino que, además, manifestaron avances en las interacciones sociales, incluso entre personas de diferentes edades; donde se relacionaban amigos y tutores, y donde los mayores tomaron el rol de *coach* y consejeros, enseñando y cuidando a los más pequeños. El estudio también mostró resultados sobre la mejora en la autonomía y nivel de responsabilidad de los participantes. Estos resultados representaron favorablemente lo que la ONU busca motivar en cuanto a la promoción de la amistad.

Estos resultados me impactaron porque se suele trabajar en el buen trato y en el juego limpio en este tipo de interacciones y suelen surgir amistades, pero no porque los entrenadores o docentes busquen que esto se produzca, sino porque la actividad, inevitablemente, llevaba a que sucediera. En el estudio citado, los educadores querían y se proponían que brotaran vínculos amistosos; así que, dentro de sus estrategias, facilitaban estos encuentros.

Se tuvo en cuenta que los amigos nacen cuando se establece una conexión a través de puntos en común, como los gustos, los pasatiempos, las expectativas, las emociones y las formas de ver el mundo. Y, por supuesto, compartir diferentes experiencias hace que esos lazos sean cada vez más fuertes. En etapas como la adolescencia se valoran la confianza, la intimidad y el apoyo para resolver los problemas y, tal vez por esto, esta es la edad clave para definir estas relaciones que marcarán las vidas de este grupo poblacional, también con el sexo opuesto. Yo empecé la universidad a los dieciséis años, y quizá esta es la razón por la que mis amistades se afianzaron en este periodo, porque a esta edad yo estaba terminando de definir mi personalidad.

Tal como ocurre con los otros valores, la amistad debe enseñarse desde la primera infancia. Sin embargo, la época en la que más acompañamiento debería darse es durante la adolescencia. Si realmente se reconociera como valor, la amistad se incorporaría en la política educativa, en los currículos y en las actividades formativas. María de los Ángeles Melero y María Jesús Fuentes trabajaron en una propuesta para que los educadores promovieran y favorecieran la creación de amistades entre los niños a través de la práctica educativa. En su planteamiento, refuerzan la necesidad de fortalecer la aceptación, la lealtad, así como motivar la creación de vínculos para generar experiencias valiosas y gratificantes. Además, ponen énfasis en el papel de los adultos, principalmente de los educadores, en cuanto a acompañar y dar soporte a los adolescentes en esos momentos de rupturas o rechazos entre iguales, como parte de su proceso de entendimiento y manejo de relaciones interpersonales. Por eso, sugieren que es mejor tener pocos alumnos a cargo, porque es más difícil conocer y apoyar a los jóvenes cuando se pilota un grupo grande.

Si a esto se suma que a veces los adultos nos olvidamos de lo complejas que son estas relaciones o el impacto que pueden tener en edades tempranas y, aun así, nos volvemos poco tolerantes o democráticos, nos queda difícil la tarea de educar y acompañar a los chicos en este proceso.

Bajo esta perspectiva, los profesores tienen un papel fundamental en este proceso, pues, en definitiva, ellos son quienes pasan más tiempo con los jóvenes, ya que los ven desenvolverse en escenarios que pueden resultar inabarcables para muchos padres. En este punto se resalta el poder de la comunicación en la formación de amistades y la importancia de un ambiente propicio que contribuya a este fortalecimiento. ¿Será muy difícil lograr esto en los ámbitos escolares? Podríamos pensar que es demasiado, yo creo que en ocasiones magnificamos cosas porque nos implican algún esfuerzo adicional a la carga que solemos llevar los adultos, pero, en realidad, muchas soluciones son más fáciles de lo que pensamos: escuchar, dar apoyo, ofrecer ayuda, respetar opiniones no es algo tan difícil de llevar a cabo, menos aún si se enseña desde el ejemplo.

Como educadora, el ambiente que genere en el aula depende de mi actitud y de mis ganas. Esto es totalmente controlable y manejable. Puedo promover iniciativas que alienten las relaciones, teniendo en cuenta la importancia del entorno en la apertura de los estudiantes, ofreciendo respuestas centradas en sus necesidades, sin olvidar los objetivos académicos, y facilitando la convivencia y las oportunidades de desarrollo integral. Esto no requiere mayores inversiones de recursos, simplemente requiere actitud.

El papel de la educación no solo consiste en cumplir los requisitos académicos y llevar a los estudiantes a alcanzar un nivel de conocimientos muy superior; debe ir más allá y contribuir al desarrollo integral de la persona, y esto implica generar espacios que permitan a los jóvenes interactuar de forma no competitiva, que les faciliten encontrar esos complementos que necesitan en su diario trasegar y que los ayude a generar experiencias satisfactorias que los motiven en su vida diaria.

Ahora vuelvo a mi sobrino. En su colegio, al pasar de un año escolar a otro, y dado que son varios cursos del mismo nivel (ej., segundo A, segundo B, segundo C), rotan a los alumnos para que no sean siempre «los mismos con las mismas», y una mamá le pidió a los profesores que, por favor, dejaran a su hijo en la misma clase de mi sobrino, porque la amistad con él lo había ayudado mucho a mejorar no solo en su rendimiento académico, sino en cuanto a comportamiento. Aseguró que mi sobrino era una gran influencia para su hijo y el colegio finalmente accedió a su petición. Este sería un claro ejemplo de por qué es importante que se promueva la amistad desde el colegio y el cómo las relaciones entre amigos ayudan en el desarrollo integral de los individuos.

Sé que muchos colegios utilizan esta práctica (rotar a los alumnos), y seguro que tiene pros y contras, adeptos y contradictores; sin embargo, en el caso que acabo de relatar, aplaudo la decisión del colegio de aceptar la solicitud de esta madre, porque muchas veces se siguen normas sin evaluar ciertas consideraciones. Al menos, en este caso, se evidenció un interés por el bienestar de los alumnos.

Quizás estas pequeñas acciones formen parte del aporte desde educación al fomento de la amistad. Y no se trata de que el colegio promueva el «ser amigos de todos», ni ser el más simpático o tener más amigos en redes sociales. Si bien todos tenemos nuestras necesidades, nuestros temores y nuestras formas de expresar los sentimientos, debemos tener la capacidad para identificar y reconocer que existen niveles de amistad: hay personas que nos conocen más que otras; con algunas puede que nos relacionemos de manera más íntima, aunque no coincidamos en los mismos gustos, y, por otro lado, tenemos otras con las que sí compartimos sueños, preferencias o aficiones, a pesar de que no mantengamos una relación tan estrecha con ellas. Y está bien tener estas opciones, solo necesitamos conocer y respetar estilos de interacción. Por ejemplo, las Brujas tenemos diferentes afiliaciones políticas, discutimos puntos de vista, pero no dejamos que estas diferencias afecten a nuestra relación. Otro ejemplo de cómo solucionar las diferencias es escoger al amigo o la amiga adecuada para cada actividad. Por ejemplo, en mi caso, a la hora de ir a conciertos, el plan es con Diana; las otras chicas no son de conciertos, pero sí disfrutamos con otro tipo de actividades juntas.

Terminando mi búsqueda sobre la relación entre amistad y educación, en otro artículo encontré que se habla de la «amistad cívica» y de cómo esta es fundamental para ayudar a componer tejido social. Enfatiza en la necesidad del respeto, la empatía, la confianza, el cuidado y la compasión. En general, en la importancia de educar en la gestión de las emociones, tales como el control de los impulsos, la capacidad de afrontamiento y el adecuado manejo de conflictos. Lo anterior considero que son elementos clave que todos debemos administrar.

Creo que nos vemos avocados, en cualquier momento de nuestras vidas, a diferir en conceptos y opiniones, en especial con aquellos que amamos, como familiares y amigos, y muchas veces estas diferencias nos alejan. Puede pasar que se tenga una pelea con el papá, la mamá, un hermano, por una diferencia de opinión, por ejemplo, y dejen de hablarse por un par de días. Por supuesto, se trata de la familia, así que se busca limar asperezas prontamente. Sin embargo, cuando esto sucede con un amigo, si no hay un vínculo fuerte, la posibilidad de alejarse y no buscar aclarar es alta; de ahí la importancia de saber afrontar los conflictos y las diferencias de una manera apropiada. Ahora, imaginemos que nos encontramos con una persona con la que no sentimos cercanía; si nos alejamos de seres queridos por diferencias de opinión, posiblemente «no nos importen» aquellos que no sean de nuestro afecto y resulte más fácil alejarnos o simplemente no permanecer en ese vínculo. Probablemente, a eso hace referencia el artículo sobre la amistad cívica; no se trata de que nos queramos «todos con todos», sino de que, en nuestra formación básica, debemos tener ciertos elementos que nos permitan relacionarnos mejor.

En este sentido, y viendo los consejos que se encuentran en redes o libros sobre cómo mantener una amistad, se ratifican elementos ya descritos que nos indican que las amistades que perduran son aquellas con las que sentimos complementariedad y que, a su vez, respetamos, aunque no estemos de acuerdo en todo. El mejor ejemplo sigue siendo el de las afiliaciones políticas; las diferencias de opinión nos ayudan a ver otras cosas que a veces no queremos ver, y esto también nos ayuda a tomar mejores decisiones. Ahí, en medio de las buenas amistades, surge la sensación del apoyo sin juzgar, y entonces nace la comunicación abierta, se refuerza la bondad del perdón y aumenta el amor propio reflejado en el amor hacia otros. Ese querer al prójimo es más complejo, porque involucra el conocimiento del otro y la identificación consigo mismo. Viéndolo así, todo esto se aprende en casa y, de cierta forma, el colegio lo refuerza, aunque sigo pensando que, si se tuviera una intención más directa de educar en beneficio de la amistad, esos elementos se apropiarían de una mejor manera en cada uno de nosotros.

Creo que la entrevista de mi sobrino fue bastante fructífera, no solo porque le permitió responder con sus deberes, sino porque me hizo recordar bellos momentos y, más aún, me invitó a reflexionar sobre este tema tan profundo y trascendental.

Ya para finalizar, me pregunto entonces si se educa en amistad o se educa para la amistad. Y pensando en esto, llego a la siguiente frase de Muhammad Ali que me pareció perfecta para cerrar este espacio: «La amistad no es algo que se aprenda en la escuela. Pero, si no aprendes el significado de la amistad, realmente no has aprendido nada».

SHIRLEY CATHERINE RODRÍGUEZ

@ @shenky06

Shirley Catherine Rodríguez Hernández, nacida en Colombia, es enfermera con especialización en Salud y Seguridad en el Trabajo y maestría en Educación. Durante sus más de veinticinco años de experiencia en el sector de la industria petrolera, desarrolló habilidades y competencias en educación, llegando a ser docente universitaria en cognición y creatividad. Es curiosa y autodidacta. Considera que siempre hay que aprender cosas nuevas y está convencida de que el legado es uno de los mayores valores, por eso ama enseñar. A lo largo de su trayectoria se ha dedicado a diseñar instructivos, guías, cursos, conferencias, etc., para compartir sus experiencias con otros. Se define como artista, escritora de corazón, lectora empedernida y amante de los viajes, el cine y la música.

REFERENCIAS BIBLIOGRÁFICAS

Fuentes, M. y Melero, M. (1992). «Las amistades infantiles: desarrollo, funciones y pautas de intervención en la escuela». *Revista de investigación en la escuela*, n.° 16, pp. 55-67.

Gutiérrez, D.; Hopper, T.; Molina, M., y Segovia, Y. (2020). «El modelo de educación deportiva en la escuela rural: amistad, responsabilidad y necesidades psicológicas básicas». *Retos*, n.° 38, pp. 291-299.

Luque, D. y Luque, M. (2015). «Relaciones de amistad y solidaridad en el aula». *Revista mexicana de investigación educativa*, vol. 20, n.° 65, pp. 369-392.

Martínez, C. y Romero, A. (2017). «Topografía de las relaciones interpersonales en la posmodernidad: amistad y educación». *Revista española de pedagogía*, n.° 267, pp. 309-322.

—. (2022). «Las emociones asociadas a la amistad cívica: una perspectiva psicoeducativa». *Estudios sobre educación*, n.° 43, pp. 9-27. DOI: 10.15581/004.43.001

Organización de las Naciones Unidas (ONU). *Día Internacional de la Amistad*. Naciones Unidas.

Pérez, J. (2020). «La influencia pedagógica de la amistad en la educación de interés». *Estudios sobre educación*, n.° 39, pp. 297-315.

Sellés, J. (2008). «La educación de la amistad: una aproximación conceptual». *Teoría de la educación*, vol. 11, n.° 1, pp. 145-166.

ALEJANDRA BEIGBEDERE

MI OTRO YO

«Es a ti, otro yo mismo, a quien elogio, a quien odio o a quien amo».
William Shakespeare

Ya en el tren.

Me siento.

Mi respiración está acelerada; en parte, por llegar corriendo, porque me confundí de vía, y, en parte, por el nerviosismo que me produce entrar en la excitante dimensión que abre el viaje.

Me derrumbo sobre la austeridad ergonómica del asiento azul eléctrico 4 A.

Pienso en qué misterios encerrará ese número y esa letra. Los misterios de la cábala. Los misterios del universo.

Todo, en unas líneas atrapadas en una chapita colocada sobre el plástico blanco, que corona la almohadilla del reposacabezas.

Un suspiro escapa por mi boca. El corazón expresándose: «Algo de tregua», dice con sus palabras de aire.

Me encanta la sensación de comenzar un viaje. Quizás, una nueva vida.

Al menos, vislumbrar un abanico de infinitas posibilidades.

Sueños. Una sonrisa se dibuja en mi boca; el corazón también habla con sonrisas.

Soñar despierta, como cuando era niña y mi habitación se convertía en un trozo de selva con extraños monstruos que acechaban escondidos en mi armario y un río inmenso, plagado de hambrientos cocodrilos, cubría toda la mullida alfombra del suelo y la cama; los muebles eran las rocas a las que trepaba para no caer y correr el peligro de ser arrastrada en su frenética corriente. A veces, yo ayudaba a Sara, mi amiga invisible, mi mejor amiga, y otras, era ella la que encontraba el mejor escondite.

Sonrío.

Me pregunto dónde estará ahora escondida Sara.

El corazón vuelve a hablar exhalando otro suspiro.

Esta vez, lleno de nostalgia.

Las mariposas, que dicen que en el enamoramiento están en el estómago, campan a sus anchas por todo el cuerpo durante el viaje, como si quisieran elevar al viajero y transportarlo más rápido de lo que el vehículo elegido puede hacer.

Las mariposas del viaje mueven sus alitas tan rápido que producen una alegría eléctrica.

Tengo la suerte de que mi asiento está orientado en el sentido de la marcha del tren; de lo contrario, la sensación sería rara, me marearía, como si viajara hacia atrás en el tiempo.

Da vértigo y náuseas viajar al pasado. Los recuerdos están ahí, esperando acechantes y apolillados, y les encanta engancharse en cuanto entras a visitarlos; a veces, se cuelgan del cuello, de un brazo o del pelo, y no es fácil deshacerse de ellos.

A mi lado no hay nadie. Despliego la mesita situada ante mí; coloco sobre ella todos mis enseres: libro, cuaderno, bolígrafo, auriculares, móvil. Busco algo de música para escuchar mientras leo. Tecleo en el móvil «Barroco».

Aparece Juan Sebastián Bach y, tras acoplar mis auriculares en las cavidades de mis orejas, el sonido de un clave emite una melodía que me pone la piel de gallina.

El anacronismo del clave vencido por la belleza de la música vibra armónicamente con alguna cuerda dentro de mi corazón. Ahora dicen que en el corazón hay neuronas.

Seguro que en unos años descubren que en el corazón hay cuerdas largas y finas como las de un violín. Cuerdas que, a veces, tocamos desde dentro y, en otras ocasiones, alguien hunde su mano hasta el centro silencioso de nuestro corazón y nos arranca un sonido alegre, triste, iracundo, esperanzado…

La música atraviesa el tiempo y el espacio. Es otra forma de viajar.

Escucho la melodía y una sonrisa llega a mis labios. Esta vez, una sonrisa inquieta que quiere saltar desprendiéndose de mi boca, persiguiendo las notas que inundan las oquedades acaracoladas de mis orejas, resbalando hacia el interior de mi cuerpo.

Cosquillas musicales.

Comienzo a leer *Ética a Nicómaco* de Aristóteles, el libro que he comprado en el quiosco de la estación:

> Pero la amistad perfecta es la de los hombres buenos e iguales en virtud; pues, en la medida en que son buenos, de la misma manera quieren el bien el uno del otro, y tales hombres son buenos en sí mismos, y los que quieren el bien de sus amigos, por causa de estos, son los mejores amigos.

Como Sara y yo en nuestras tardes de intensas aventuras infantiles; nos salvábamos la vida mutuamente, como si de la vida de una dependiera la vida de la otra.

Inspiro y mis pulmones se llenan de pensamientos que reflexionan sobre la frase de Aristóteles. Qué despacio debía pasar el tiempo en su vida para pensar de una manera tan incisiva, diseccionando la realidad. Tengo la sensación de que, si lo hubiera querido, podría haber diseccionado el aire.

Cierro los ojos e imagino a un Aristóteles de barba y túnica blancas, mirando absorto un plato vacío con un cúter en la mano, cortando el espacio invisible, haciendo bricolaje con lo más sutil. Sonrío. Una sonrisa irreverente, maliciosa.

Bip bip.

A mi móvil llega un mensaje y me saca de las elucubraciones infinitas que mi mente es capaz de hacer.

Las mariposas desaparecen y un calor intenso asciende hasta mi rostro.

Aquí está mi querida amiga del alma. Se me olvidó hablar con ella antes del viaje para que entendicra y asimilara lo que iba a hacer yo hoy.

Solo con leer su nombre y los emoticonos con los que lo he acompañado (🎵🎵), se me tensan los músculos de la mandíbula.

El corazón se queda suspendido, decidiendo qué sentir.

Leo:

Ella:
Hola! Qué haces hoy? 😊

Yo:
Hola! Sorry 🙏 (me siento culpable). Se me ha olvidado decirte que esta noche no vamos a poder cenar juntas... Ayer, en un arrebato y a última hora, compré los billetes para irme a Valencia. 🚂

Ella:
Valencia? Al final estás yendo a ver a esa gente que conoces solo de dos charlas por internet? 😳

(Esta frase me taladra el cerebro)

Yo:
Todo el mundo se conoce en algún momento de la forma que sea. Acuérdate de mi hermana, que conoció a Antonio haciendo cola en el baño de un bar. De la forma más tonta y borrachos. Ahora tienen cuatro hijos y llevan más de veinte años sin separarse. Son mis ídolos. 😎

Ella:
Bueno, estar borracha es una forma fácil de conocer a gente. Además, los borrachos siempre dicen la verdad. Baja barreras. 🥴
No compares el contacto de carne y hueso, sin pantallas de por medio... 🙁

Yo:
De verdad, no doy crédito. Sabes perfectamente que muchas veces se conoce mejor a alguien que está detrás de una pantalla. Caen los velos con más facilidad.

Ella:
Ya... Como si la pantalla nos protegiera del golpe de la sinceridad o del rechazo insoportable del otro. 🙁

Yo:
Vale... Y cuando tienes a otra persona enfrente de forma «presencial», no haces cosas continuamente para protegerte? 🤨 Nadie es cien por cien auténtico.

Ella:
No te entiendo. Pues claro que me siento más vulnerable cuando estoy con alguien de forma presencial. De hecho, físicamente es obvio que soy más vulnerable ante la presencia física de otro. Precisamente por eso es más auténtica la relación. 😐

Yo:
Vaaaale... Es decir, que todo depende de la cercanía física... 🤔

Ella:
Bueno, entre otras cosas puede surgir la oportunidad de abrazar. 🤗

Yo:
Eso es bastante absurdo. Depende de la carne 🥩 que pongas en el asador. Puedes dar un abrazo sin sentir nada... O puedes desnudar tu alma delante de alguien que te mira a los ojos a través de una pantalla 🫶

Pero, si te quedas más tranquila, te digo que tienes razón: sin presencia física no hay sinceridad en la relación... No vamos a hablar entonces de las grandes relaciones epistolares que la gente mantenía hace siglos...✉️Así que quédate tranquila. Tú ganas...🏅

Ella:

Gano????? Uff... Cuando te pones así, no hay quien te aguante. Para mí no todo es quedar por encima. No quedamos el otro día en que la humanidad había perdido un tesoro queriendo borrar la necesidad de quedar para charlar durante horas con una amiga?

Yo:

Y nosotras no hablamos durante horas y estamos todo el día conectadas a través del móvil????
Ahora, por ejemplo, qué estamos haciendo?

Ella:

Ahora estoy queriendo decirte que has hecho fatal yéndote a Valencia en vez de quedarte en Madrid para celebrar mi cumpleaños conmigo y con mis hijos. Como siempre...

Yo:

Tu cumple es mañana, lo podremos celebrar mañana, que es el día...

Ella:

Siempre lo celebramos la noche anterior... Para que, cuando sean las doce, seáis los primeros en felicitarme. Me da suerte. 🍀 Le prometí a mis hijos que iríamos a cenar todos juntos y querían que estuvieras. Tú eres esencial para nosotros.

Yo:

También «lo de siempre» llega un momento que se termina. Es bueno cambiar y hacer cosas nuevas.🖤 Esto me apetece, estoy harta de aplazar y posponer mis deseos para cumplir los de otros. Me puedes entender?????

Ella:

Te entiendo, pero hay deseos y deseos. Es mi CUMPLEAÑOS. Me parece muy egoísta por tu parte.

Yo:

Cómo dices???? A mí me parece el colmo del egoísmo lo que me estás proponiendo: «mi cumpleaños es mañana, pero deja de hacer la aventura "loca" que tienes la posibilidad de hacer hoy y nunca haces, para hacer algo que podemos hacer mañana»...😤

Ella:

Estás ridiculizándome. No eres una buena amiga.

Yo:

Tú no eres una buena amiga! Deja de torturarme haciéndome siempre sentir culpable a la mínima. 😡

Ella:

Una buena amiga quiere lo mejor siempre para su amiga y se olvida de sus caprichos si hace falta para que la otra sea feliz.

Yo:

«Y se olvida de sus caprichos si hace falta para que la otra sea feliz». Lo has dicho tú misma. Léete. 😊 No es un capricho querer buscar mi felicidad. Si yo soy feliz, te haré feliz a ti. Sin hacerte daño. Lo importante es que cumples años mañana. Y mañana lo vamos a celebrar. 🎂 Mañana estaré contigo. ♥

Ella:

Tú no estás nunca conmigo. Nunca. Siempre estás ausente. Pensando en otra cosa...

Yo:

Ya empezamos... Deja de torturarme con tus demandas, tus exigencias. Qué dolor de mujer. 😵

Ella:

Te duelo???

Yo:

Mira, esto te lo digo sin ninguna acritud... Pero entérate de una vez, por favor: para mí (y también para ti, aunque te cueste creerlo) lo sano es que YO sea lo más importante de mi vida. Mi vida no puede ser complacer a nadie que necesita ansiosamente mi compañía, mi vida tiene que ser complacerme a mí!!!!

Ella:

Deja de torturarme!!! Me estás haciendo mucho daño!!

Yo:

No me siento culpable. Nos conocemos de toda la vida y ya es hora de hablar claro! Y ahora, durante este viaje, quiero que dejes de hablarme!!! Quiero disfrutar!!!!!! En este viaje te desconecto, te bloqueo. Quiero estar conmigo, sin ese parloteo incesante que tienes que me hace sentir culpable cada dos por tres!! 😣

Ella:

Sabes que no puedes...

Yo:

Sí puedo, ahora verás. Cada vez que me llegue un mensaje tuyo, lo borraré y buscaré una canción que me guste y la cantaré por dentro con el corazón y, si hace falta, la gritaré. 🎤

Ella:

Ja, ja, ja, ja, eres una ilusa.

Yo:

Ufffff. No quiero enfadarme contigo. Quiero que volvamos a ayudarnos la una a la otra. En la misma dirección. Como cuando nos salvábamos la vida y nos protegíamos de los monstruos y los cocodrilos que había en mi habitación. Me entiendes??

Ella:

Te entiendo. Y eso es lo que intento hacer constantemente. Porque los monstruos y los cocodrilos pueden estar en cualquier parte. Porque ahora somos mayores y se han vuelto invisibles. Pero están ahí. Y no quiero que te hagan daño.

Yo:
Ya sé que quieres protegerme, pero el mayor peligro es no querer cambiar. Ahí están los monstruos del pasado y te pueden atrapar enseguida, llenándote de telarañas y convirtiéndote en una momia...

Ella:
Tienes razón, pero estoy tan acostumbrada a protegerte que no sé hacerlo de otra forma que no sea parloteando dentro de ti, haciéndote sentir culpa para que te den miedo las cosas y dejes de hacerlas y no te arriesgues...

Yo:
Y no me arriesgue a vivir?

Ella:
Sí... 😔

Yo:
Vale. Entiendo que lo haces porque me quieres, pero no me gusta dejar de vivir cosas, aunque duelan. Eso es estar muerto en vida. De momento, te bloqueo, así nos tomamos un respiro. Hablamos mañana, y... ¡felicidades por adelantado! ¿A que he sido la primera?? 🤭

Busco en Ajustes la opción de Bloquear. Bloquear a Sara. Hecho. Escribo: «Canción *Digan lo que digan* del compositor Manuel Alejandro. Presiono sobre la imagen que me aparece del cantante Raphael en sus primeros años de carrera.

Me gusta lo que oigo. Sonrisa de complicidad con alguien que captó el mensaje sabio que late en todos. En todo.

La voz metálica que anuncia la próxima estación llena el vagón y me sacude. ¡Me he quedado dormida!

«Próxima estación: Valencia».

Me quito los auriculares y me desperezo. Mi móvil está entre las páginas del libro de la *Ética a Nicómaco*, que reposa sobre la mesa desplegada enfrente de mí.

Leo lo que escribí en el margen de una hoja antes de quedarme dormida:

El viento se azota en el árbol y las hojas huyen temblorosas. Yo soy mi viento, yo soy mi árbol, yo soy mis hojas, y mis sueños huyen despavoridos de tanto daño autoinfligido. Se acabó. A partir de ahora, yo soy mi bálsamo. Aristóteles tenía que haber incidido más sobre la amistad a uno mismo. Esa es la base de cualquier otra amistad. Yo la conozco. La tuve en mi infancia y la llamé Sara.Pero, en realidad, era yo. Nunca estuve sola...

Sonrío. Ahí debí quedarme dormida y Sara aprovechó para que yo la viera de nuevo.

Antes de guardar el bolígrafo, escribo rápidamente: «¡Sara, por fin has aparecido!».

Mientras voy metiendo todo en el bolso, siento que mi corazón sonríe y se vuelve ancho, llenándose de amor. Todo este tiempo, Sara ha estado conmigo, escondida entre mis dudas y mis miedos. Agazapada dentro de mí. En cuanto que me sentí mayor con once años, ya le di la espalda sin saberlo. Se convirtió en esa vocecita dentro de mi mente que parloteaba de continuo y me hacía enloquecer; le daba mil vueltas a las cosas sin cesar para que nada ni nadie me hiciera daño. Como una madre superprotectora que, por dar calor a su bebé, lo acaba asfixiando. Dejándolo sin oxígeno. Matando todo aliento de vida. Ordeno el libro, los auriculares, el bolígrafo y el móvil dentro del bolso. La sonrisa estira mis labios aún más. Es una sonrisa que dice: «¡Eureka! He caído en la cuenta». Sara y yo somos una y, cuando la amordacé para no dar la sensación de que hablaba sola, empecé a relacionarme con ella de una forma mental e insana, pero mucho más aceptada por la sociedad. No supe hacerlo de otra manera.

Se acabó. Sara es mi bálsamo. Hoy disfrutaré de Valencia en compañía de unas amigas digitales a las que por fin abrazaré, y también en compañía de Sara.

Mañana celebraré mi cumpleaños junto con mis hijos. Será en un sitio sorpresa para todos, menos para Sara, porque ella me ayudará a elegirlo.

A partir de ahora, volveremos a divertirnos juntas y nos reiremos de las locuras que se nos ocurran, como cuando éramos niñas.

¡Seré mi mejor amiga!

Sara y yo dentro de mi mente sonriente.

ALEJANDRA BEIGBEDERE

@salvarezcasas

Alejandra Álvarez-Beigbeder Casas, conocida artísticamente como Alejandra Beigbedere, es licenciada en Filosofía por la Universidad Autónoma de Madrid y pianista por el Real Conservatorio de Madrid. Dirige una empresa de recursos lúdico-educativos para centros escolares, orientada a niños de tres a diecisiete años. Combina su labor pedagógica con su afán por la literatura. En 2013, publicó su primer libro, titulado *La boda de Helena*, en Ediciones B, y cuenta con otras dos novelas ya terminadas de género romántico; una de ellas, con un componente histórico. Ambas se publicarán próximamente.

MONTSE GILABERT SEGUÍ

EN EL ESPEJO. AMISTAD Y DESARROLLO PERSONAL

«Nadie es tu amigo, nadie es tu enemigo, pero cada persona es tu maestro».
Sócrates

Te miro y no te reconozco. Anclo la mirada en tus ojos y permanezco en ellos a la espera de ver algo más que el aparente clamor de tu tristeza. Y sí, sabes que con mirarte te descubro, que la mirada es de las pocas cosas que el ser humano no sabe disimular, que tus ojos me hablan y me gritan a voces lo que tú no eres capaz, y que ya no puedes evitarme.

Aun así, me sostienes la mirada, dándome permiso para fisgar en tu miedo y en tu dolor, mientras tus pupilas se vuelven lagrimosas al sentirte desnuda frente a mí. Porque reconoces el vacío que, a pesar de los momentos de dicha y felicidad, te recuerda que hay algo que te impide ser quien eres en realidad. Y todo, por el profundo miedo que sientes, del que ni siquiera tú sabes por qué, para qué, ni de dónde viene, pero que, a toda costa, deseas derrotar.

Te observo a ti, a mí, ante el espejo, y no sé quién eres tú ni quién soy yo. Porque nos sentimos como una consciencia separada. Me veo a mí viéndote a ti, desde un punto de vista crítico y analítico en el que no logro entender si somos una o somos dos. Porque soy capaz de verte como un ente separado del que me es imposible separarme. Y aquí estamos, intentando conocernos mientras compartimos celda de por vida.

Con certeza, sé que tú eres la única que me acompañará el resto de esta vida. Por ello, me temo que este encuentro era del todo inevitable. Tomo aliento para arrancarte esa máscara que en algún momento en tu temprana edad armaste y bajo la que tanto tiempo has permanecido callada, viendo pasar los sucesos de la vida como algo ajeno y fortuito. Hasta que ¡ya no puedo más! Pues un minúsculo destello en tus ojos me pide socorrerte, y aquí estoy, para abrazarte, para amarte y perdonarte, pero, sobre todo, para recordarte que somos una: una fuerza amorosa y poderosa que actúa más allá de lo mundano. Al reconocerla, sabrás que formamos parte de un todo poderoso.

Aunque te sientas confundida en esta extraña relación, no hay otra cosa que puedas hacer en esta vida que vivirla. ¿Cuál iba a ser, si no, el sentido de nuestra existencia?

* * *

A pesar de ser una persona especialmente feliz, me empujaba una sensación interna de vacío y tenía la intuición de que debía haber otra forma de vivir. Años de insaciable lectura, autoobservación y afán por descubrir algo que ni yo sabía qué era me han acompañado en este viaje de desarrollo personal. Inmersa en esta búsqueda existencial sin fin, se aprende, se comprende e, inevitablemente, se cambia.

Las personas vienen y van, puedes vivir con más o menos ajetreo, pero, cuando logras acallar tu mente, cuando cierras los ojos, cuando lees, cuando escribes, cuando piensas, cuando te adormeces…, estás tú, en tu universo interno, en tu propia compañía. Y en algún momento hay que parar para atenderla, algo que, inconscientemente, solemos evitar por un profundo miedo a conocernos.

Cultivar la amistad con uno mismo no es fácil, pero con el tiempo produce una sensación de paz y bienestar indescriptible que, además, se expande hacia las personas de nuestro entorno. Vale la pena el esfuerzo.

Lograr tener una autoestima positiva es el primer paso para mejorar las relaciones con los demás. Es necesario abandonar el victimismo y asumir la total responsabilidad de nuestra vida, ya que esta es la consecuencia del propio mundo perceptivo y de las decisiones que tomamos, pues toda causa interna se expresa en nuestra experiencia externa.

Los amigos y las personas con quienes interactuamos cobran un papel protagonista en el desarrollo de nuestra autoestima. En las relaciones con los demás, uno descubre y se descubre, lo que conduce, indudablemente, a mejorar el ser interno. La observación nos permite reflexionar sobre el valor de la amistad y su poder transformador.

Este proceso de cambio nos conduce a experimentar las relaciones sin crítica ni juicio, con plena aceptación de lo que realmente somos. Es el fruto de un estado de conciencia en evolución que nos permite comprender el propósito de las relaciones, liberarnos del apego y abandonar el mendigo emocional. Solo cuando uno es capaz de sentirse lleno, puede dar desinteresadamente y ofrecer amor incondicional.

Algunos tienen muchos amigos; otros, pocos. Están los amigos que perduran y los que vienen y van. Pero todas las interacciones nos llevan a experimentar, en algún momento, dicha y felicidad, así como dolor, decepción, enfado, traición… No es más que el reflejo de nuestras emociones más profundas, que piden ser vividas, observadas, comprendidas y sanadas.

No hay culpables ni inocentes: todo está bien, todo forma parte de la experiencia y todo conlleva un aprendizaje. La amistad es un espejo en el que, a través del otro, te ves a ti. Lo que te gusta y te disgusta de los demás es un reflejo de lo que también está en ti. Usarla para conocerte, aceptarte y perdonarte, deshacerte de la culpa, es ayudarte a crecer y a disfrutar de relaciones sanas y plenas.

A medida que uno evoluciona, es natural que sucedan cambios en el entorno, que algunas amistades desaparezcan y que surjan otras más en sintonía con tu actual estado interno. Porque trabajar desde dentro produce cambios hacia afuera. Hay que estar preparado también para abandonar viejos patrones y abrazar lo nuevo.

Amigo lector, te pido que me acompañes en este capítulo, en el que te muestro una parte de mis relaciones, con una mirada amorosa y positiva, para que tú hagas lo propio; para que puedas sacar valiosas conclusiones a partir de tu propia experiencia. He elegido tres amistades que son, para mí, especiales y representativas. Sin duda, habría muchas más, de amigos que han estado, que aún están, y hojas en blanco que reservo para los que me abro a recibir. Porque la vida es crecimiento, movimiento y expansión.

La amistad perfecta

A mi querida y gran amiga Mònica:

De todas las amistades que tengo y he tenido, la nuestra es especial porque nos une el recuerdo imborrable de la infancia. Y quizá sea por la solidez de los lazos que en aquel entonces se estrecharon que hoy, a nuestros 46 años, seguimos siendo amigas.

Teníamos caracteres distintos, pero siempre compartimos los mismos valores. Sabíamos lo que estaba bien y lo que estaba mal, y pensábamos en ello en nuestra toma de decisiones y en el momento de afrontar aventuras cotidianas. No obstante, ahora me doy cuenta de que el concepto que teníamos sobre «el bien» y «el mal» era una percepción más propia del mundo adulto que nos rodeaba que de nuestros propios cuestionamientos. Pues éramos niñas. Pero aquellos valores nos sirvieron; los usamos como una brújula para distinguir el camino correcto. Y nuestras aventuras, brújula en mano, nos llevaron, sin duda, por una buena senda. Aunque contado así pueda parecer un transitar disciplinado y aburrido, nada más lejos de la realidad: éramos vivaces, alegres, justicieras, traviesas y bondadosas. Fue un camino divertido. Fue una infancia muy feliz.

A pesar de que tenemos diferentes formas de ser, siempre nos respetamos. Creo que nunca una condujo a la otra a hacer nada que no quisiera. Creo que ninguna fue más líder que otra, sino que nos balanceamos, nos entendimos; era fácil y todo fluía con naturalidad. Hablábamos hasta el cansancio, y supongo que el hecho de ser capaces de mantener una comunicación abierta, honesta y sincera fue una de las claves del éxito para forjar una amistad fuerte y duradera que ha sobrevivido con los años.

Nos educaron en valores: veníamos de familias de parecido talante, fuimos juntas a la misma clase durante toda la EGB (desde parvulario a sexto) y nuestras familias veraneaban en la misma localidad de l'Escala, en la misma zona de Riells. De modo que ni las vacaciones de verano pudieron evitar que nos viéramos día sí día también. Era fácil simpatizar en esas condiciones.

Recorrimos el pueblo en bicicleta los domingos por la tarde. Aprendimos algo de patronaje para confeccionar prendas que después lucíamos orgullosas; me acuerdo de que a ti se te daba especialmente bien diseñar y coser hermosos vestidos para tus muñecas. También nos atrevimos con el encaje de bolillos e hicimos pulseras con hilo *mouliné*. Y, en verano, recuerdo bucear entre las rocas de la playa en busca de erizos de mar, ya que coleccionábamos los hermosos caparazones verdes que se esconden debajo de sus púas. Pero no siempre estábamos solas: hacíamos teatro y muchas otras actividades en grupo, como organizar excursiones e incluso alguna acampada. Bailábamos danzas tradicionales, orquestábamos guerras de globos de agua en el patio de casa y, en el recreo, jugábamos al fútbol con los niños. Recuerdo la época en la que nos divertíamos jugando, a todas horas, a las gomas, las cuales llevábamos enrolladas en el bolsillo de la bata del colegio. Participábamos activamente en todo lo que nos gustaba y hacíamos infinidad de cosas que nos mantenían siempre ocupadas. La verdad es que nos reíamos mucho y nos aburríamos poco.

Para mí, uno de los aspectos más bonitos de la amistad es la libertad. Los amigos se eligen, se respetan, se valoran… Y esta misma libertad fue la que nos permitió seguir cada una por nuestra senda cuando el fin del colegio nos separó. Era el momento de comenzar otras andaduras: nuevos estudios, cambios de hábitos y nuevas compañías que, poco a poco —y sin darme cuenta en aquel entonces—, nos fueron alejando. Supongo que era normal, aunque hoy lamento no haber podido evitar aquellos años de total desconexión.

Hasta que un día, al sentarme en el tren, en mi recorrido cotidiano del trabajo a casa, nos encontramos, una delante de la otra. Fue un regalo verte de nuevo y saber de ti justo a tu regreso tras varios años viviendo en Inglaterra. Para nosotras, empezaba otra etapa como amigas. Esta vez, algo distinta, puesto que nos encontrábamos en un momento en el que el sentido de la amistad cobraba otra dimensión: ya éramos adultas y teníamos la vida establecida.

Vinieron turbulencias de las que te recuerdan que para eso también están las amigas; épocas de ofrecer escucha activa, consuelo y empatía, el mejor de los alivios para el alma y el empuje perfecto para salir de las vicisitudes dignamente. Aún ahora, ante las alegrías y las adversidades, compartimos una mirada honesta hacia lo que es, lo que fue y lo que pudo haber sido nuestra vida.

Contigo he tenido la suerte de experimentar la amistad en todas sus dimensiones. Desde la infancia, en la que, además de jugar y divertirnos, aprendimos valores, como el respeto y la colaboración, al desempeñar diferentes roles en nuestro entorno. La adolescencia, etapa en la que buscamos nuestra identidad y en la que tuvo especial importancia el sentimiento de aceptación y pertenencia al grupo. A medida que se iba fortaleciendo el grado de intimidad, estrechamos lazos a través de la comprensión, la sinceridad y la lealtad que solo se demuestran con el tiempo. Ya en la edad adulta, nuestras relaciones sirven para compartir experiencias, para ayudarnos, para intercambiar puntos de vista e indecisiones, para tener a alguien con quien contar y comentar la jugada, celebrar logros y seguir cultivando la felicidad mientras avanzamos hacia la madurez.

Deseo con todo mi corazón que así siga hasta la vejez, pues ambas llevamos el registro de lo vivido, testigo de infancia y juventud, para cuando la memoria empiece a naufragar y todo lo que tengamos solo sea una vida que recordar. Recuerdos que hoy traen destellos de aventura, alegría y felicidad. No puedo más que agradecerte tu amistad y todos los momentos que hemos vivido juntas, que han contribuido a que hoy seamos quienes somos.

La amistad que te llena y que te expande

A mi querido y admirado Alexandre:

Me siento afortunada por haberte conocido. Recuerdo la primera impresión que me llevé de ti. Estoy convencida de que eres un hombre de muy buenas primeras impresiones. Puede que tu atractivo sea una de las causas, pero no la única, pues eres una de las personas más respetuosas, comprensivas y empáticas que conozco. Y de no ser por estas y otras muchas cualidades, difícilmente alguien con tu magnetismo y tu estatus se habría fijado en mí. Al menos así lo vi en aquel entonces, cuando empezaba a recuperarme de una década difícil y tediosa, y una autoestima resentida.

Nos conocimos ya en edad adulta, cuando la madurez se presupone. Y aunque en profundidad y en apariencia la teníamos, yo siempre he visto asomar a un Peter Pan en ti; en el mejor de los sentidos, el de la emoción por vivir intensamente y traspasar los límites que muchos se autoimponen por la edad; en el deseo de experimentar nuevos retos; en la ilusión por viajar y por conocer otras culturas e inmiscuirte en realidades tan opuestas a la tuya; en la capacidad de adaptación en entornos de máxima austeridad; en tu predisposición a la alegría y al buen humor; a la aceptación de todo y de todos; en el afán de explorar más allá de lo sutil y de revivir de la inocencia del ser.

Compartir aventuras contigo despierta y me conecta con mi niña interior, con su anhelo de hacer mil cosas y el fuerte deseo de absorber los pequeños momentos de la vida, como si de una fruta dulcemente madura y jugosa se tratara. Nos alentamos a impregnarnos de la belleza que ofrece cada rincón de la naturaleza que nos envuelve.

Aparentemente, vives en un perfecto equilibrio entre tu lado más salvaje, jovial y aventurero, y tu parte sobria e introspectiva, la del hombre que tan bien dirige su vida y sus negocios. Reconozco que me encanta escudriñar en las profundidades de tu ser que atesoras en silencio. Me resulta interesante el aura de sabiduría interior que te envuelve, propia de un alma que ha vivido muchas vidas, y esas ansias de volar en libertad en las que también yo me veo reflejada.

Por contradictorio que parezca, siendo tan distintos, nos siento muy iguales, con una conexión tal que, sin decirme nada, te leo, como sé que tú también me lees a mí. De ti aprendí a pensar diferente. Me abriste la mente de par en par. Admiraba tu forma de pensar y tu inventiva para aplicar soluciones prácticas a lo que, para mí, suponía una dificultad. Así fui limando mi carácter hacia una versión más abierta y despreocupada de mí misma, mientras, a su vez, iba ensanchando los límites que tanto me detenían.

Aunque la amistad, como casi todo en esta vida, es cambiante, al final, si es fuerte, se comporta como un imán, pues tiene la misma fuerza de unir como de separar. Y eso nos sucedió. Visto en perspectiva, creo que un distanciamiento fue necesario para sanar nuestras heridas. Tú, las tuyas; yo, las mías. Porque nos usamos de espejo: lo que veíamos en el otro nos mostraba una parte inconsciente de nosotros mismos. La que no queremos ver o no nos han enseñado a mirar. Era preciso verlo y sanarlo para seguir con una visión más honesta y verdadera, limpia de egos.

Desearía vivir más momentos juntos y compartir más experiencias, como lo hacíamos antes, como cuando recorrimos parte de nuestra adorada Costa Brava en kayak. O como cuando disfrutamos explorando pozas en los ríos, o haciendo descubrimientos gastronómicos, yendo a ver cine alternativo, compartiendo estimulantes intercambios de ideas, o teniendo animadas charlas filosóficas o simples jornadas de pura relajación. Pero entiendo que esos momentos sacrifican otros, porque, al final, todo requiere tiempo.

Ahora mi vida es tan íntima y familiar, y la tuya tan llena de actividades y compromisos que restan el tiempo para hacer realidad las soñadas aventuras. Ahora son esos momentos los sacrificados por otros que han tomado preferencia.

Pero, sin estar, estamos, y de algún modo sirve para valorar y apreciar la mutua estima que nos tenemos. Y quién sabe si en un futuro volverán aquellos tiempos y podremos seguir creando recuerdos juntos.

Estoy profundamente agradecida por los buenos momentos compartidos y por ser inspiración de cambio, aliento y mejoría.

La amistad y la pérdida que te encoge

A un ser angelical:

Hay amistades que perduran. Otras, vienen y van. Pero las amistades del colegio dejaron huella. Porque, mientras crecimos y aprendimos juntos, nos nutrimos los unos de los otros. De la inocencia y perspicacia de la infancia se forjó nuestra persona y empezó a escribirse nuestra historia. Vivimos y compartimos tantas experiencias, pasaban tantas cosas en un día de colegio, que la intensidad de la convivencia pareció condensar toda una vida en la década más crucial del ser humano.

Hoy somos, en gran medida, parte de lo que en aquel entonces fuimos. Cada uno con sus defectos y virtudes, diferencias y similitudes. Lloramos y reímos. Nos equivocamos, nos confundimos, nos caímos...; pero nos levantamos, con mayor o menor torpeza, con el apoyo de nuestros compañeros. A veces, unos te empujaban y otros tiraban de ti. Unos se reían y otros te admiraban. O lo mismo pasábamos del cariño a la rabia, pues, sin saberlo entonces, todo formaba parte de un plan de aprendizaje en el manejo de las emociones y del desarrollo personal.

Aun así, a pesar de experimentar múltiples emociones, a menudo contradictorias, y de transitar por lo bueno y lo malo, todos éramos buenos. Fuimos grandes amigos y compañeros. Y con el aprecio que se formó, avanzamos en la vida con el recuerdo intachable de aquellos maravillosos años; al menos, así lo fueron para mí.

Esos vínculos que calaron hondo, sin romperse, se separaron cuando llegó el momento de emprender estudios superiores. Tratamos de mantener el contacto. Se organizaron cenas y tuvimos ocasiones de charlar. Cuando nos encontrábamos por el pueblo, nos poníamos al día de los estudios, familia, trabajo, pareja… Todo siempre parece estar bien, pero es difícil llegar a imaginar lo que corroe por dentro.

Me estremezco ahora de pensarlo y no sé si soy capaz de comprenderlo. Me imagino ahora, de pequeñas, mirándonos a los ojos, brindándote todo el amor que pudiera ser capaz de compartir. Pero no puedo volver atrás. Cuánta tristeza me produce pensar en ello. Cómo habrían podido ser las cosas de haberlo sabido. Me frustra pensar que tanto yo como el resto de la cuadrilla pudimos alterar el curso de la vida de ser conocedores de tu dolor. Dolor que nos dejaste al saber que un maldito día decidiste acabar con esta vida, y no estuvimos allí para apoyarte.

Quizá, después de todo, más allá, donde tú estás, ya no exista la amistad. En una dimensión donde puede que no haya desigualdad ni tan siquiera necesidad de amor, siendo el alma parte de un todo o de la nada.

∗ ∗ ∗

«Quien mira hacia afuera sueña, quien mira hacia adentro despierta».
Carl Gustav Jung

Ahora que ya te reconozco, no puedo más que agradecer este reencuentro. Cuán vano el sufrimiento disipado, pues ¿no son todos ellos, mis amigos, una mera ilusión que se sustenta en un falso yo irreal? Todo lo bueno y lo malo no es tal. ¿Y cómo sigo en el sueño una vez que estoy despierta? Ahora, más que nunca, te preciso a mi lado y en un grito de socorro te pido que ¡no me sueltes! Reconozco los susurros que me brindas a través de la intuición, sé que provienen del pozo de sabiduría eterna con el que tú conectas, del que yo me veré privada de acceso mientras siga en este lado del espejo. Pero ahora sé que estás ahí, en mí: mi luz, mi guía, mi tesoro. Mi amor más puro y hermoso. Ya no le temo a la muerte.

MONTSE GILABERT SEGUÍ

@mgsmontse
montsegilabertseguí

Montserrat Gilabert Seguí (Montmeló, 1977) es técnica administrativa contable, técnica especialista en Imagen y Sonido y diplomada en Turismo por la UOC (Universitat Oberta de Catalunya). Tras una década dedicada al doblaje y una trayectoria profesional diversa, destaca, en los últimos quince años, en su faceta comercial. También ha sido emprendedora con una revista de publicidad llamada *TotOci Vallès Oriental*. La redacción de contenidos para su propio medio fue su primera incursión profesional en el mundo de la escritura, que llevaba años ejercitando para sí misma y compartiendo, a veces, en la blogosfera. Además de su participación en este libro colectivo, está trabajando en su primera novela con el deseo de seguir creciendo como escritora.

PARTE 3:
SOMOS SERES SOCIALES

La amistad es propia de la condición humana. Sin embargo, algo pasa. Y estamos convocados a pensar qué sucede.

Anhelos del alma

Un análisis y reflexión en la búsqueda del sentido de la esencia de la verdadera amistad, que se ha desvirtuado con la tecnología y la vida líquida que estamos viviendo.

Amistad verdadera-sólida y líquida en la era 3.0

¿Cómo es posible que haya chicos que no quieren salir de su casa, ir al colegio o relacionarse con sus pares?

El bullying *en la escuela: conflicto de lealtades*

Adolescentes que se organizan para lastimar o matar a otro y, finalmente, condenar sus vidas para siempre.

La manada

Podemos atribuir la culpa a las tecnologías. Pero me parece que hay algo más. El aislamiento, la soledad, la falta de empatía, la violencia, el miedo, la desconfianza en el tejido social, la no escucha, el no ver al otro… preexisten a la tecnología. Otro es ese alguien que amortigua la orfandad. ¿Y los adultos? ¿Cómo mediamos los adultos?

La familia escogida

EVITA CAMILA

ANHELOS DEL ALMA

«La amistad descansa en el amor y se regula por la virtud.
El amor de la amistad debe ser recíproco,
por lo que lleva consigo correlación de libertades:
hay que velar por el bien del amigo».
Sócrates

La amistad es un lazo invisible que nos conecta con los demás.
Como seres sociales, dependemos de otros para crecer y ser felices.
Sin embargo, no todas las amistades son propicias. Algunas personas pueden no ser compatibles con nosotros debido a diferencias en valores y principios, e incluso perjudicarnos con su falsa amistad.
En estos casos, es recomendable alejarse de aquellos que nos restan y buscar siempre a quienes nos aporten positivamente, cultivando amistades virtuosas y enriquecedoras.

Es una cálida mañana de finales de septiembre. Las aceras empiezan a llenarse de hojas que caen de los árboles y que auguran la llegada del otoño. Los rayos mañaneros del sol entran por mi ventana. Son más de las diez de la mañana y tengo que empezar el día, pero todavía sigo en la cama y postergo el momento de levantarme rogándome a mí misma: «Solo un ratito más». Y así llevo una hora desde que sonó el despertador.

Hoy es mi cumpleaños y, solo con pensarlo, me siento extraña. ¿Cuarenta ya? El tiempo se me ha ido demasiado rápido y no he tenido la oportunidad de asumir que ya estoy en la cuarentena. Aunque es domingo, tampoco quiero quedarme remoloneando todo el día. Los domingos suelo aprovecharlos para arreglar la casa, quitar el polvo y hacer las cosas que no me da tiempo durante la semana. Mi rutina es así: de lunes a viernes trabajo en la autoescuela, dando clases, y los fines de semana salgo con mis amigas y visito a la familia.

En este momento suena mi móvil. Es un mensaje de Bea, que me desea un feliz cumpleaños. «Hola, chiqui, espero que disfrutes mucho tu día. Hoy no voy a poder quedar; Paula y Lourdes dicen que tampoco podrán. Nos vemos durante la semana. Muchos besos».

Vaya, ¡qué bajón! Justo el día de mi cumpleaños, no pueden venir. Esto me hace sentir muy triste y sola. Pienso que ellas deberían apoyarme en este día, porque ya entro en la década de los cuarenta y seguro que me viene la típica crisis. Se supone que ellas deberían darse cuenta, ¡que para eso están las amigas!

Reflexiono mientras me levanto de la cama. En el pasado, yo pensaba que, al llegar a los cuarenta, habría conseguido todos mis propósitos y tendría la vida con la que siempre soñé: un marido atractivo, uno o varios hijos, una casa propia, un trabajo estable, etc. Pero nada de eso ha sido así: sigo soltera, sin descendencia, viviendo de alquiler y con un trabajo en el que me pagan lo justo para vivir.

Me describo como una mujer guapa, con el cabello ondulado, rubio, hasta los hombros, grandes ojos verdes y un cuerpo con provocativas curvas que me gusta resaltar con la ropa. Siempre he sido una chica soñadora, confiada, sensible, aunque a veces un poco obstinada. No entiendo por qué a estas alturas no he conseguido casarme. Quizás la culpa sea mía. Siempre he elegido mal a los hombres y he acabado en relaciones sin sentido…

Pero ¡basta ya! «¡No voy a etiquetarme como una cuarentona solterona!», exclamo en voz alta mientras me veo en el espejo. Creo que es necesario romper con todos mis estereotipos, porque son anticuados, crueles y caducos.

Sobre la cómoda tengo una cajita en la que guardo mis pendientes, collares y una piedra muy especial de color verde esmeralda. Es una malaquita que me regaló una amiga. En aquel entonces, llevaba una época en la que me sentía deprimida y las cosas no me iban del todo bien. Entonces, ella me dijo un día: «Te están haciendo mal de ojo, te hace falta un mineral protector». Así que, cada vez que me da el bajón, cojo la malaquita y la froto con suavidad durante un rato, como ahora que la tengo en mis manos. Es justo lo que necesito.

Ya más animada, decido que hoy será un gran día y, para ello, me pondré mis mejores galas. Rebusco en el armario y encuentro el *outfit* ideal: un vestido rojo ajustado que realza mis curvas. Me cepillo el cabello y me hago una coleta de lado. Por último, me pongo un poco de maquillaje. ¡Y listo! Divina de la muerte.

Como cada año, el día de mi cumpleaños lo celebro con mi familia. Mi madre prepara algo muy rico para comer y trae una tarta o pasteles. Luego, me cantan «Feliz cumpleaños» y abro los regalos, siguiendo la tradición. Año tras año, siempre es igual. Pero esta vez no sería como las demás, porque pasaría algo que lo cambiaría todo.

Al timbrar en el telefonillo de la casa de mis padres, nadie responde, así que llamo a mi madre al móvil.

—Mamá, ¿dónde estáis?

—Llegamos en un rato, vete al bar de abajo, si quieres, y nos esperas —dice ella. El sonido se escucha entrecortado.

Como tengo que hacer tiempo hasta que lleguen, voy a tomar un café. Cruzo la calle para ir al bar de enfrente porque me gusta más el café que hacen allí. Es de la variedad arábiga, con mucho aroma y sabor. Al entrar en la cafetería, me siento en una de las sillas altas que tienen al lado del mostrador y cojo el periódico. Unos minutos después, mientras leo, llega un hombre y pasa a mi lado, dejando un suave rastro a un perfume embriagador que hace que me distraiga de mi lectura. El hombre se acomoda en el asiento contiguo al mío.

Por un momento, dejo de prestar atención al periódico para mirarlo. Ronda los cuarenta. Bien parecido y de complexión fuerte. Lleva una americana azul y camisa blanca, pelo negro algo canoso, con el flequillo revuelto hacia delante. Tiene barba recortada estilo *hipster* y unos grandes ojos negros.

Lo estoy observando con disimulo cuando él se percata de ello. Se gira hacia mí, me devuelve la mirada y esboza una cálida sonrisa.

—Hola, ¿te importa pasarme el periódico cuando lo termines de leer? —pregunta él tímidamente.

—Claro, toma, ya lo he leído —respondo, cogiendo el periódico para dárselo.

—No tengo prisa…

Se hace un incómodo silencio por unos instantes.

—Me llamo Sofía. Encantada.

—Un placer, yo soy Ernesto.

Las chispas saltan entre nosotros. Hay una complicidad, una atracción mutua que es más que evidente. Pero, de repente, una llamada nos interrumpe. Son mis padres diciéndome que ya han llegado a casa.

—Me tengo que ir, voy a casa de mis padres a celebrar mi cumpleaños.

—Felicidades, Sofía. Otro día hablamos más.

Ya en la calle, de pronto, me doy cuenta de que he dejado el móvil en la barra de la cafetería. Entonces, apurada, vuelvo a cruzar el paso de cebra cuando giro la cabeza hacia un lado y lo veo. Con mucha velocidad, un coche viene directo hacia mí y parece que no va a parar. Como un *flashback,* en esas milésimas de segundo, mi vida pasa ante mis ojos. Veo momentos bonitos con mi familia y amigos, lugares hermosos que conocí, mi primera mascota, mi primer beso, mi primer amor…, hasta que todo se vuelve negro.

Un estruendoso golpe seco me empotra contra el parachoques y me eleva por los aires, haciéndome rebotar contra el capó, y luego me lanza hasta que caigo sobre el asfalto.

Ernesto se da cuenta de que aquella chica se olvidó el móvil en la barra. Así que lo coge para dárselo. Mientras va hacia la puerta, se escucha un fuerte ruido, como el de un coche derrapando y chocando finalmente contra algo. En la calle hay un grupo de unas quince personas en mitad de la carretera, paradas mirando como si hubiera habido un atropello. Ernesto tiene curiosidad, así que se acerca a aquel grupo para ver lo que ha pasado. La chica con la que había hablado unos minutos antes está tendida en el suelo, en medio de un charco de sangre.

Sara se está impacientando porque su hija no llega. Hace un par de horas que hablaron por teléfono y ya tendría que estar ahí. Bea, Paula y Lourdes son las amigas de Sofía y le han preparado una fiesta sorpresa. Están allí esperando también.

—Voy a llamar a Sofía para ver por qué se retrasa —dice Sara, intranquila.

Pero el móvil no da señal. Aquello es muy extraño. No es típico de su hija no contestar.

Entonces, justo en ese momento, suena el teléfono fijo. Al coger el móvil, Sara escucha una voz de hombre grave y ronca.

—¿Hola? ¿Hablo con la familia de Sofía Iglesias? —pregunta aquel desconocido con un tono muy serio.

—Sí, soy su madre —dice Sara pensando en su hija e imaginando lo peor. Irremediablemente, presiente que algo malo acaba de ocurrir.

—Ha tenido un accidente. Su hija está en la Unidad de Cuidados Intensivos.

—¡Ay! ¡Dios mío! —grita Sara, sobrecogida. Acto seguido, empieza a marearse, las piernas le fallan y el teléfono se le cae de las manos. Siente que todo da vueltas a su alrededor. Aquella noticia le ha impactado demasiado y no puede sostenerse por sí misma. De pronto, cae al suelo de rodillas.

Al ver el estado de su mujer, Jorge corre junto a ella y la agarra del brazo para ayudarla a levantarse.

—¿Qué te ha pasado? ¿Por qué estás así? —pregunta él, angustiado.

Pero Sara no puede reaccionar, parece que en cualquier momento va a desmayarse por completo. Él la tiene sujeta por la cadera para impedir que se vuelva a caer.

Mientras Jorge acuesta a Sara en el sofá, Lourdes coge el teléfono para saber qué le han dicho a aquella mujer para que se alterara tanto. Unos minutos después, Lourdes cuelga el teléfono. Al girarse, se da cuenta de que todos la están mirando y esperando que les cuente lo que sabe.

—Tenemos que ir al hospital. Un coche ha atropellado a Sofía.

Un rato después, en el hospital, Sara se encuentra arropada por su marido y por las amigas de su hija mientras aguardan en la sala de espera a que les digan cuál es su estado.

Cada cierto tiempo la abrazan para consolarla y le dicen bonitas palabras de ánimo. Para Sara es reconfortante tener su apoyo. Piensa que, si ella tuviera que pasar por esto sola, sería muchísimo peor. Después de estar esperando un par de horas interminables, por fin llega el doctor para aclarar cómo está Sofía. Lleva una bata blanca, casi impoluta, a excepción de unas pequeñas manchas en una de las mangas que parecen gotas de sangre.

—Sofía está en coma, se encuentra en estado crítico. Hacemos lo que podemos por salvar a su hija.

Con la mirada perdida, Sara asiente con la cabeza. Está como ida, no puede asimilar el hecho de que podría perder a su única hija. Con pena, Bea observa lo mal que se ve aquella pobre mujer. Está sufriendo por dentro.

—Todo saldrá bien, ya lo verás. Se va a recuperar. ¡Sofía es fuerte! —dice Bea, mientras le da la mano a Sara. Y así quiere pensarlo. En estos momentos es cuando más falta hace tener fe en que todo saldrá bien.

¡Qué ironía! Es el cumpleaños de Sofía y le han preparado una fiesta sorpresa para celebrar sus cuarenta años. Pero ¡quién lo diría! En vez de eso, ahora se encuentra en la cama de un hospital, debatiéndose entre la vida y la muerte.

Tres meses después, parece como si solo estuviera dormida. Inconsciente, Sofía aún se ve bella. Mientras está en coma, la mente de Sofía es como si estuviera sumergida en un profundo sueño del cual no puede despertar. Hasta que un día, por fin, abre los ojos.

Al despertarse, se siente desorientada. Es desconcertante verse en una habitación de hospital con cables por todas partes. Durante un rato se siente aturdida y se pregunta qué ha pasado y qué hace allí. Entonces, entra una enfermera a la habitación.

—¡Oh! ¡Te has despertado! —exclama sorprendida la enfermera.

—¿Qué hago aquí?

Sofía piensa que es muy extraño que no consiga articular bien las palabras, además de que se siente mareada.

—Tuviste un accidente y has estado en coma tres meses. ¡Es un verdadero milagro que hayas despertado!

Aquello la deja estupefacta. La enfermera sale rápidamente y, al poco rato, regresa con un médico. Es un doctor joven y lleva un estetoscopio colgado al cuello.

—Hola, Sofía. ¿Cómo te encuentras? —pregunta mientras la ausculta.

—¿Qué me van a hacer? —le cuesta expresarse.

—No te preocupes, Sofía. Tranquila.

—¿Dónde están mis padres?

—Los llamaremos para que vengan de inmediato. Mientras tanto, vamos a realizarte algunas pruebas. ¿Puedes mover las piernas?

No. No puede mover las piernas. Su respuesta es girar la cabeza de un lado a otro. Aquello sí que le preocupa, ¿y si había perdido la movilidad de su cuerpo del cuello para abajo? No podría andar, y eso sería terrible.

Los meses siguientes son muy duros. Sofía tiene paraplejia, parálisis desde la cadera hasta los pies. Su vida ha cambiado totalmente, pasando de ser una persona autónoma a ser dependiente y tener una discapacidad. Todo aquello acaba afectándole psicológicamente, tanto que se encierra en sí misma y no quiere ver a nadie. Está enfadada con el mundo.

«¿Por qué a mí?», se pregunta.

Sus amigas llaman constantemente para preguntar cómo está, pero Sofía siempre dice que no quiere hablar; es Sara quien tiene que poner al día a las chicas. Que Sofía esté inválida no es culpa de ellas, pero, simplemente, no tiene ganas de nada. Sumida en la amargura, se vuelve apática y ermitaña. Y eso la separa algo más de Lourdes y Paula, que se han cansado de insistirle que salga. Bea, en cambio, no se rinde, aferrada a la esperanza de que algún día su amiga recupere el ánimo.

Y así transcurren dos años en los que Sofía no quiere hacer vida social ni relacionarse con nadie. Ahora vive con sus padres, para así estar mejor atendida; ellos son los únicos que aguantan su mal humor. Está tan derrumbada que, a veces, pasa por su cabeza la escalofriante idea de que hubiera sido mejor no haber sobrevivido a aquel accidente.

Sin embargo, un día, en una de las sesiones de rehabilitación, conoce a una persona que provoca una transformación en ella. Se trata de una enfermera que nunca la había atendido; una mujer de unos sesenta años, pelo corto, rubia y algo entrada en carnes.

—Hola, soy Marina. ¿Qué tal, Sofía? ¿Cómo vas evolucionando?

Sofía se encoge de hombros y la mira seria, con gesto de repulsa. Esta es su expresión facial permanente mientras está sentada en la camilla.

—A ver, Sofía, entiendo que cuesta adaptarse a una nueva situación en la que tienes unas limitaciones, pero debes pensar en que aún te queda toda la vida por delante. Puedes hacer muchas cosas y ser feliz. ¿Has visto que hay un montón de actividades para personas con discapacidad física? Puedes conocer gente y hacer amigos.

—No tengo ganas de nada —contesta toscamente.

Pero, a continuación, las palabras de Marina se vuelven reveladoras y algo está a punto de cambiar en su interior.

—Te voy a dar un consejo, espero que no te lo tomes a mal, pero veo que tu actitud es muy derrotista, y eso no es bueno. Tienes todavía mucho por lo que luchar, gente maravillosa que está esperando para conocerte. No te rindas, la vida te ha dado una segunda oportunidad, ¡aprovéchala! No pienses en tus limitaciones, piensa en lo que sí puedes hacer. Es muy importante que no estés siempre sola porque la soledad puede ser perjudicial. Si empiezas a salir más y a relacionarte, te vas a encontrar mejor. Ya lo verás.

—Lo dudo…

—Tu vida se ha puesto patas arriba, lo sé. Pero desde esta nueva perspectiva puedes descubrir cosas que nunca antes habías apreciado; algunas, realmente asombrosas… Así que toma las riendas con optimismo. Y sonríe, que eres muy guapa, reina —dice la enfermera con cariño—. Mira, el otro día traté a un chico de tu edad que también ha sufrido una parálisis hace poco. Le está costando mucho psicológicamente, pero él sale con los amigos a todas partes y hasta hace deporte en silla de ruedas. Deberías conocerlo, ¡es majísimo! Se llama Óscar. Ya te lo presentaré.

De repente, Sofía comprende que aquella mujer tiene toda la razón. Cuanto más se aislaba, más sola se sentía, y así entraba en un bucle de tristeza. Entonces, decide que debe hacer algo para cambiarlo. No centrarse en sus problemas, sino buscar cosas que le gusten y le hagan feliz. Encontrar personas afines de las que pudiera aprender y así desarrollarse. Está decidida a que no quiere pasarse la vida sola, lamentándose, llorando y llenándose de negatividad. Necesita volver a salir al mundo y disfrutar de la vida, y quizá en ese intento hace grandes descubrimientos, como le ha dicho la enfermera con tanta convicción.

Gracias al consejo de Marina, su mente hace un clic y, desde aquel momento, se forja una gran amistad entre las dos.

Al llegar a casa, su madre le pregunta si quiere hablar con su amiga Bea, que acaba de telefonear. Y ella, que tantas veces se había negado por su mala actitud, le dice que sí con una sonrisa.

—Hola, Sofi. ¿Quieres que vayamos a tomar algo? —pregunta Bea.

—Vale, me vendrá bien empezar a hacer una vida normal. Y veros, que hace mucho que no quedamos.

—¡Qué bien! Me alegro de que estés más animada.

—Sí, lo estoy. Además, quiero hacer muchos cambios a partir de ahora, empezando por mi pelo. Últimamente lo tengo muy descuidado, pero me gustaría arreglármelo más. Creo que iré a la pelu.

—¡Estupendo! —exclama Bea.

Unas horas más tarde, están Bea, Paula, Lourdes y ella tomando algo en una terraza. Bea se excusa un momento para ir al lavabo. Y en ese instante, Lourdes aprovecha para despotricar sobre Bea.

—¿Os enterasteis de lo que pasó con Bea y Berto?

—No. ¿Qué pasó? Cuenta —dice Paula, intrigada.

—Él dice que Bea se le insinuaba y se hizo ilusiones, y pensó que podía tener algo con ella. Entonces, la intentó besar, pero ella lo rechazó —dice Lourdes con media sonrisa.

—Ah, por eso ya no queda con el grupo —supone Paula.

—Lo que pasa es que Bea dice que él intentó propasarse. Pero es normal, ¿para qué lo estaba provocando? Él la llevaba a casa en coche, la invitaba a cenar y a tomar lo que pidiera. ¡Pues es lógico que pensara que tenía vía libre!

—Claro, pobre chaval. La culpa es de Bea. Eso es de calientabraguetas —juzga Paula con frivolidad.

—Totalmente de acuerdo. ¿Verdad, Sofi?

Sofía las observa con la ceja enarcada. Se siente incómoda en esa conversación; es más, hubiera preferido no asistir a ella. Se había olvidado de lo criticonas que son Lourdes y Paula, incluso entre ellas. Y también que hubo un tiempo en el que ella también lo fue, y por eso es que le están pidiendo su opinión, porque están acostumbradas a que les siga la corriente. Sin embargo, en esta nueva oportunidad que la vida ha otorgado a Sofía, está decidida a abrazar todo lo que le hace bien y rechazar lo negativo.

—Qué cotillas sois. Bea no merece que habléis así de ella —sentencia Sofía, enfadada.

Lourdes y Paula se miran una a la otra divertidas, como si aquello les hiciera gracia.

—¿Qué bicho te ha picado? —pregunta Lourdes, sorprendida por la actitud de Sofía.

—¡No voy a consentir que faltéis al honor de mi amiga! —les grita.

—Vale, vale… —dicen al unísono, sin dejar de echarse miradas cómplices entre ellas.

Sofía siente la necesidad de irse a casa de inmediato, pero no quiere dejar a Bea sola con ese par de víboras.

Un rato después, están en una discoteca en la que ponen música latina y reguetón, idea de Paula. Sofía se siente rara en la silla de ruedas, rodeada de gente que puede bailar y moverse con normalidad. Su amiga no ha tenido en cuenta que Sofía todavía no se acostumbra a su nueva realidad, y eso entristece a Bea, que, sin atreverse a sugerir otro plan por no parecer una aguafiestas con las amigas, se ha propuesto intentar hacer disfrutar a Sofía y ayudarla a superar el miedo que le provocan sus limitaciones.

Lourdes y Paula bailan muy *sexys*, con pases subidos de tono y un poco vulgares; les gusta llamar la atención. Se las ve muy animadas la una con la otra, hasta que llega un grupo de chicos para romper la sintonía entre ambas. Lourdes se acerca a ellos, comparte algunos bailes y risas, y algo más tarde anuncia su despedida. Se marcha con uno de esos chicos, y eso no agrada a Paula.

—Pero ¿no me iba a quedar en tu casa? ¡Quedamos en eso! Por favor, no quiero ir a casa sola.

—No. Lo siento. Hoy pasaré la noche con este chico tan mono.

—Quiere colocarse… Lleva droga encima —indica Sofía, destapando el secreto de Lourdes.

—¿Qué? —dice Paula, sorprendida.

Justo antes de que Lourdes llegara para despedirse, el chico le había enseñado una bolsita con alguna sustancia que se había sacado sigilosamente del bolsillo mientras bailaban. Desde su estatura en la silla de ruedas, Sofía había sido testigo de todo.

Lourdes se va sin dar más explicaciones, así que Paula prueba pedirle alojamiento a Bea, y esta accede resignada, aunque no le hace gracia que Paula duerma en su casa, porque sabe que lo hace para ahorrarse el dinero del taxi y luego comer gratis y robar alguna cosa, como ropa o dinero.

En aquel momento, Sofía se da cuenta de algo. Tanto Lourdes como Paula no son buenas amistades. Ambas carecen de empatía, integridad y lealtad, y encima una de ellas se está dejando corromper por los vicios nocivos de las drogas y la vida decadente. Definitivamente, este no es el ambiente en el que quiere estar; ella busca otra cosa, otro tipo de personas con las que pueda mantener una amistad virtuosa.

—Bea —Sofía le hace un gesto a su amiga con la mano para que se acercara—, me lo he pasado muy bien contigo, pero no me siento cómoda con esta gente. Sé que nos conocemos desde hace mucho tiempo como para decirte ahora esto, pero… creo que Lourdes y Paula son una mala influencia, y en esta nueva etapa de mi vida he decidido que no voy a juntarme con personas que me perjudiquen. Espero que lo entiendas… Tú también deberías darte cuenta de que no aportan nada —le dice con sinceridad.

Bea asiente con la cabeza y le acaricia la espalda con cariño. Ella, en el fondo, sabe que tiene razón, y le gustaría tener el valor de Sofía para poner un punto y final a su situación, pero todavía no se encuentra preparada.

A las pocas semanas, Sofía está en el parque haciendo un picnic con sus nuevos amigos de la Asociación de Personas con Discapacidad. Han programado un paseo por el campo y luego irán a la playa. Sin duda, un plan genial.

Además, está empezándose a interesar por algunas actividades y quiere apuntarse al curso de jardinería. Ahora ve las cosas con una nueva perspectiva, y eso le gusta. Hace mucho tiempo que no lo pasa tan bien. Encontrar personas con las que conectar, compartir y pasar bonitos momentos le hace sentirse más viva que nunca.

—¡Sofía! —dice Óscar, mientras rueda con su silla y se acerca a ella—. ¿Has visto lo bonito que está el cielo?

En ese momento, Sofía sonríe y mira al brillante cielo azul. Piensa en un futuro en el que, por fin, podría volver a ser feliz y hallar la verdadera amistad. Y se da cuenta de repente de que ese futuro ya no es ningún anhelo. Está empezando en este instante…

En este relato, la experiencia y los ojos de Sofía han sido claves para descubrir los entresijos de la amistad. A veces, erramos al utilizar la palabra *amistad* para referirnos a las personas con las que, básicamente, nos lo pasamos bien; esas eran, para Sofía, sus tres amigas: Paula, Lourdes y Bea. O así es como ella percibía su realidad cuando caminaba a la altura de ellas. Sin embargo, un accidente le hizo reconsiderar los errores de su pasado y empezar a prestar atención a las verdades ocultas, obligada a verlo todo desde abajo. Y es que acabar postrada en una silla de ruedas, con todo lo que ello conlleva para la psicología de uno mismo, le permitió revalorar cuanto le rodeaba y, en esas, se dio cuenta de que su vida no era como ella pensaba. Sus amigas no eran quienes decían ser, su auténtica personalidad se escondía tras una máscara de falsa amistad que irradiaba toxicidad.

Llegar a una conclusión así podría haber hundido emocionalmente a cualquier persona, pero la conversación con Marina fue determinante para que no sucediera en el caso de Sofía: el mundo está repleto de personas buenas esperándonos para llenar nuestra vida de momentos felices. Rodearse de amigas como Paula y Lourdes no iba a llevarla a cumplir con ese propósito, de modo que eligió desvincularse e iniciar la aventura de conocer a otras personas. Una difícil decisión para quienes no se sienten hábiles para hacer nuevos amigos, como en el caso de Bea, o para otras muchas personas como Paula, que se autoengañan, negándose a creer que la relación que mantienen con sus amigas está muy lejos de ser un ejemplo de amistad.

Resulta duro y cruel pensar que, a veces, tenemos que pasar por un episodio doloroso y triste para hacernos reflexionar sobre nuestra realidad, limpiar nuestra mirada, ver más allá de las apariencias y dar un giro a nuestra vida. Pero tal vez alivie suponer que se trata de un mensaje del destino para reconducirnos en el camino hacia la felicidad.

EVITA CAMILA

@camievita
evitacamila
Evita Camila
evit@camil@gmail.com

Eva Grandal Vázquez nació en España, concretamente en Vigo (Galicia). Es creadora de contenido digital desde el año 2016 y, bajo el seudónimo de Evita Camila, se ha abierto camino en redes sociales produciendo videos cargados de humor e ironía sobre temas de actualidad e interés social con los que ha conseguido hacerse viral en Internet. Recientemente, descubrió por casualidad su pasión por los libros y la escritura, algo que nunca había considerado antes, pero con lo que disfruta muchísimo, para su grata sorpresa. En la actualidad, además de estrenarse como escritora con su participación en este libro colectivo, se encuentra redactando su primera novela, *Evita Camila*, basada en su osado personaje en las redes.

VIKTÒRIA TOYA

VERDADERA-SÓLIDA
Y LÍQUIDA EN LA ERA 3.0

«Amistades que son ciertas nadie las puede turbar».
Miguel de Cervantes

¿Me acompañas en este proceso de búsqueda de información y reflexión simultánea?

Releo la obra *El hombre en busca de sentido* de Viktor E. Frankl, neurólogo y psiquiatra que sobrevivió al *shock* de internamiento en los campos de concentración nazi para iniciar así la fuente de inspiración. Según él, «la vida por sí misma posee un significado […], esta búsqueda es la principal motivación vital […], siempre tenemos un cierto grado de libertad para decidir qué actitud adoptamos». Sin embargo, no dejaba de preguntarme a qué se estaba refiriendo concretamente el austríaco con esta frase que, sin duda, resultaría reveladora para mí.

¿Amistad?

Trato de buscar una respuesta en Google, en los libros que he leído y que conservo en mi biblioteca privada y, lo más importante, en mi aprendizaje vital, que es la suma de las experiencias vividas en primera persona y las escuchadas en boca de otros, como testigo directo.

Encuentro la siguiente información: el 16 de julio de 1969, la quinta misión tripulada del programa espacial estadounidense Apolo lanzó el módulo Eagle Apolo 11, y el 20 de julio, después de 195 horas, 18 minutos y 35 segundos, consiguió que el astronauta Neil Armstrong —primer hombre en poner un pie sobre la Luna—, Edwin «Buzz» Aldrin y Michael Collins lograran la hazaña del alunizaje. «Este es un pequeño paso para el hombre, pero un gran salto para la humanidad», fue la frase que pronunció Armstrong, comandante de la histórica misión, un héroe en aquella gesta.

En 2011, la Asamblea General de las Naciones Unidas propuso a todos los países celebrar el Día Internacional de la Amistad el 30 de julio. Argentina decidió no aceptar la propuesta y mantener su celebración el 20 de julio.

Enrique Ernesto Febbraro, locutor de radio, abrumado por la cosmovisión, encabezó una cruzada internacional para homenajear a los amigos el día en el que el hombre pisó la Luna. Redactó una carta expresando: «Viví el alunizaje como un gesto de amistad de la humanidad hacia el universo y, al mismo tiempo, me dije que un pueblo de amigos sería una nación imbatible». La transcribió a siete idiomas, hizo copias y las envió a distintos países del mundo, para proponer que cada año, el 20 de julio, se celebrara el Día del Amigo. Su idea fue un éxito, recibió muchas respuestas de aprobación. Óscar Fusco, legendario rotario argentino, conocedor de la fascinante historia en la que convergen la llegada a la Luna, Febbraro y el Día del Amigo, dijo que las cartas fueron enviadas a todas las sedes del Rotary Club.

Este enigmático argentino creía que la amistad era la virtud más sobresaliente: «Si tienes cinco amigos [...] has conseguido la mayor joya». Estaba convencido de que faltaban efemérides que rescataran los lazos de amistad entre las personas, y el alunizaje emulaba un lazo de amistad para la humanidad.

No solo envió cartas, también visitó organismos municipales y nacionales, y habló con personalidades con cargos públicos en el mundo de la cultura, para convencer de que su objetivo era una propuesta sin ánimo de lucro ni fines de fomento al consumo.

Tres años después de la llegada del hombre a la Luna, Enrique Ernesto Febbraro registró su idea en el Registro de la Propiedad Intelectual y la donó al Rotary Club como símbolo de fraternidad.

En mi indagación a través de Internet, encuentro también portales que recogen muchas frases que han quedado como legado de las diversas miradas sobre la amistad. A los seres humanos nos encanta leer y escuchar proverbios que nos ayuden a reflexionar y a enriquecer nuestro mundo interior. Citaré algunos de ellos a colación a lo largo de estas páginas, comenzando por dos de mis preferidos:

«La amistad no es algo que se aprenda en la escuela. Si no aprendes el significado de la amistad, realmente no has aprendido nada» (Muhammad Ali).

«La amistad ha de ser como el dinero; antes de necesitarlo, se debería saber el valor que tiene» (Sócrates).

En el año 1969, en España, la televisión solo se podía ver en blanco y negro. La llegada a la Luna fue un gran acontecimiento que significó un antes y un después en la sociedad. Me influyó mucho interiormente en mi niñez ser espectadora del alunizaje. Desde aquel verano tuve claro que existía mi universo interior y mucho por explorar en el exterior.

En la adultez descubrí que la llegada a la Luna fue una carrera espacial tras la Segunda Guerra Mundial. Estados Unidos y la URSS iniciaron una lucha ideológica y política con el fin de demostrar la superioridad de su forma antagónica de entender el mundo y la sociedad: el capitalismo y el comunismo. Cuando se es consciente del fondo de aquella misión, como de otras verdades, comienza la pérdida de la inocencia de la niñez para entrar en la adultez y empezamos a decepcionarnos de todo lo que ha sido idílico.

1. Amistad verdadera-sólida

Para mí, la amistad ha sido siempre muy importante, motivo de reflexión y de mucha decepción.

Recuerdo a Teresa, mi yaya materna, una mujer sabia que no tuvo derecho a aprender a leer ni a escribir. No olvido una de las frases que me enseñó: «Obras son amores, y no buenas razones». Años después, me topé con la comedia de Lope de Vega que llevaba por título aquella frase que, personalmente, ha marcado mi existencia.

Cuando experimento o soy testigo de injusticias, recuerdo ese refrán y siento mucha tristeza en aquel lugar no visible: el corazón, el alma, la esencia o como se quiera nombrar.

En lo que respecta a la amistad, no hay una única idea, cambia según la cultura, la edad y las creencias de cada persona.

«Un buen amigo es una conexión con la vida, un vínculo con el pasado, un camino hacia el futuro, la clave de la cordura en un mundo totalmente loco» (Lois Wylse).

«Seamos agradecidos con las personas que nos hacen felices, son los encantadores jardineros que hacen florecer nuestras almas» (Marcel Proust).

La amistad es amor incondicional, se basa en la confianza, en el respeto, en compartir tiempo, secretos…

«El fuerte vínculo de amistad no siempre es una ecuación equilibrada; no siempre es dar y recibir en partes iguales» (Simon Sinek).

«Un amigo en la vida es mucho; dos son demasiados; tres son casi imposibles. La amistad necesita un cierto paralelismo de vida, una comunidad de pensamiento, una rivalidad de objetivos» (Henry Adams).

Podría continuar citando frases para reflexionar y comprender juntos —yo, como escritora, y tú, como lector— qué es y qué no es la amistad verdadera. Podríamos estar conversando durante horas en una cafetería sobre este sentimiento tan especial, recordando nuestras experiencias. Seguro que sentiríamos en nuestro interior alegría al focalizar nuestros recuerdos en esas personas con quienes hemos tenido la suerte de sentir verdadera amistad, o el dolor que hemos sufrido con quienes nos decepcionaron.

Es cierto lo que me decía mi yaya: «Al final de tu vida, te darás cuenta de que, de los cinco dedos de tu mano, cuando pienses cuántas amigas y amigos tienes, te sobrarán algunos». En la adultez ya tengo mi conclusión: hay conocidos, compañeros, falsas amistades y amistades verdaderas-sólidas, que se pueden contar con los dedos de una mano. Y sí, tristemente, sobran dedos.

Los sentimientos auténticos nunca pueden caducar si siempre han sido verdaderos.

«El encuentro de dos personalidades es como el contacto de dos sustancias químicas; si se produce alguna reacción, ambas se transforman» (Carl Gustav Jung).

«La amistad, el afecto y la confianza eran las cosas que, antes de que las personas firmaran contratos, mucho antes de que escribieran las leyes, mantenían unidas a las sociedades humanas» (Robert Wright).

Un amigo es un ser de gran valor que nos acompaña en el viaje existencial. Hay que dedicar tiempo, atención plena y escucha amorosa al otro. En la red de afectos, hay gente que entra y sale en nuestro trayecto: amistades de la infancia, del colegio, del barrio, de la pandilla, de la universidad, compañeros de trabajo…

Como dijo Agatha Christie, «los amigos se pueden dividir en dos. Los que surgen del entorno […] y los elegidos…». Y no puedo estar más de acuerdo con esto último: la amistad es la familia que se elige.

2. Amistad líquida

Hay que abrir espacio para conocer gente nueva, para poder sentirnos parte de una red de gente que se cuida y se apoya mutuamente.

En la actualidad, con la tecnología, iniciar una amistad es muy fácil gracias a internet. Ahora podemos viajar por el universo virtual con un *click* sin subir en ninguna nave espacial Eagle Apolo 11. Las redes sociales, en teoría, facilitan la comunicación; en la práctica, es todo un entramado en el que, en ciertas situaciones, parece que todo vale. Las relaciones humanas nunca han sido sencillas, actualmente es cada vez más difícil la autenticidad, están surgiendo nuevas formas de relacionarnos y cada vez se siente más soledad.

Si conseguir una amistad verdadera-sólida ya suponía una tarea ardua, desde hace tiempo se ha llegado a un punto surrealista-irracional en el que la amistad cada vez es más líquida y virtual. Hay diversas aplicaciones que facilitan tener muchos contactos y muchos seguidores: WhatsApp, Facebook, Instagram, Tik Tok, Twitter, Telegram… Pero es de vital importancia evitar el síndrome de Diógenes digital, pues, evocando a Aristóteles, «un amigo de todos es un amigo de nadie».

Lo que esperamos de una amistad es solidez. Sin embargo, ahora hay un exceso de liquidez, los vínculos son frágiles y desaparecen de un día para otro dejando una sensación de vacío. Ahora las amistades son líquidas, tal como llegan a nuestra vida, se van sin más, se desvanecen poco a poco hasta desaparecer; son vínculos con fecha de caducidad. Los mensajes en las diferentes aplicaciones tardan en responderse o, de repente, se cortan de un día para otro sin opción a que se pueda entender el motivo.

Zygmunt Bauman, filósofo y sociólogo polaco, en su obra *Vida líquida* deja constancia de la realidad que estamos viviendo en la posmodernidad: lo duradero da paso a lo transitorio, a la necesidad, al utilitarismo y al deseo.

La amistad es como una aplicación del móvil, se utiliza mientras entretiene y sirve para un fin. Si una relación aburre y ya no sirve, se desinstala de nuestro pensamiento y probamos con otra nueva, ya que el campo de posibilidades alternativas es infinito.

Se evitan los compromisos emocionales, todo es volátil. Se está llegando a la unilateralidad del yo primero, yo segundo, y el otro, solo si me interesa o es útil para el fin deseado.

La amistad actual refleja lo que ocurre en este mundo tan complejo, globalizado, dinámico, de inmediatez, en el que todo puede cambiar de un instante a otro. Se nos olvida que los humanos no somos un producto de la tecnología, sino sujetos conformados por una parte física, una mental y otra parte no visible. Ninguna aplicación podrá superar al ser humano en la capacidad de amar, sentir y crear.

La tecnología es un gran avance, pero también nos está afectando negativamente con la obsolescencia programada. Somos personajes viviendo en el microuniverso con gran diversidad de escenarios sociales. Nos estamos acostumbrando a consumir vínculos como productos. Se desechan unos y se cambian por otros más nuevos. Se recicla y se canjea una nueva persona como si fuera mercancía de usar y tirar. Hay mucha oferta para elegir, por lo que simplemente hay que borrar de nuestros contactos o bloquear a alguien cuando se considera que ya no nos aporta ningún beneficio. Es muy fácil pasar de un amigo con solo pulsar un botón y encontrar otro ser que ocupe su lugar en la ventana al universo a la que tenemos acceso.

Las amistades líquidas y el poder de lo transitorio son el origen de nuevas formas de dolor emocional, como el *ghosting,* término inglés que expresa la acción de actuar en las relaciones interpersonales como un fantasma, desapareciendo en cualquier momento, sin explicación ni posibilidad de conversar. Hay que tener claro que es un maltrato emocional en el que hay una víctima que sufre de pronto el desinterés, la frialdad y la desaparición repentina de alguien con quien se sentía vinculado.

No se puede ni se debe aceptar esa actitud, no hay que normalizar ese maltrato. Hay que blindarse interiormente y aprender herramientas para protegerse de esas falsas amistades que lo único que pueden aportar es toxicidad por su comportamiento disfuncional. El desaparecer de esa manera repentina es una agresión; la víctima no es culpable por ser empática, por tener un perfil emocional coherente y confiable.

Quien hace *ghosting*, si vuelve, no va a pedir perdón; por tanto, es necesario cambiar el discurso interno. No hay que olvidar que, como víctima, se sufre el abandono del «Ahora, sí; ahora, no», y ello constituye un claro abuso hacia la estabilidad emocional. La ausencia de mensajes de manera repentina origina un vacío, entrando en la nada de la perplejidad y del absurdo. Es como si la tierra se hubiera tragado a ese ser con quien se pensaba que había una amistad. No hay que buscar porqués a esa conducta.

Después de una experiencia de *ghosting*, la víctima se siente utilizada, ninguneada, abandonada y cosificada; en definitiva, despersonalizada. Y a pesar de que el *shock* emocional provoca ánimo de venganza, lo mejor es retirar la atención de ese ser carente de empatía, y la mejor actitud es el contacto cero. El problema no está en la víctima, sino en la persona que hace el *ghosting*. Es la cruel manera de acabar con las relaciones en la era digital.

En el 2018, un estudio del *Journal of Social and Personal Relationships* reveló un dato estremecedor de las personas que habían sufrido *ghosting*. Desde entonces, el fenómeno se ha multiplicado de forma exponencial y continúa creciendo a ritmo vertiginoso. Es triste ver cómo va ganando terreno esa toxicidad en las relaciones personales y van proliferando nuevos términos para definir determinados comportamientos.

Peor que el *ghosting* es el *caspering*, inspirado en Casper, el famoso fantasma de dibujos animados. Las consecuencias son devastadoras. «Le escribes, te lee y sigue pendiente sin responder. La angustia se acrecienta más dejándote en leído y el tiempo pasa sin obtener respuesta alguna». Esto es lo que siente la víctima en su interior, algo que no se atreve a contar, guardando silencio sobre lo sucedido, sin entender que quien creía que era un amigo o amiga desaparece poco a poco de su vida, hasta que deja claro que se ha olvidado de él o ella y sigue su camino con otras víctimas.

El *caspering* es la pérdida de interés paulatina, un golpe emocional lento. El *ghosting* es más rápido, más duro.

Esta falsa amistad que ha llegado con las nuevas tecnologías es un comportamiento cruel y muy cobarde. No hay que buscar explicación, sino pasar página rápidamente y dejar la vivencia en la carpeta de archivos del inconsciente. Es importante descodificar el impacto emocional causado para que no llegue a originar un trauma. Todo ocurre por algo, hay que agradecer la lección, crecer interiormente y elegir seres que son vitamina, así como eliminar a las personas tóxicas.

Por otra parte, en el universo virtual, en el que prevalece el anonimato, cada vez se hace más complicada la manera de relacionarse de un modo seguro. Muchos perfiles falsos se esconden detrás de las pantallas, por lo que hay que informarse y protegerse de las amistades engañosas y del *catfishing*: (delito digital de suplantación de identidad), una nueva amistad virtual que consigue ganarse la confianza de otro hasta que logra su objetivo de estafar, extorsionar o acosar.

Los ciberdelitos van en aumento. El miedo a internet es cada vez menor y, paradójicamente, se le presta más confianza a quien no se conoce en la vida real. Hemos aprendido a tratar a las personas de manera distinta, sin verlas y a través de una pantalla; se confía en un contacto virtual sin saber quién es realmente quien nos escribe y nos lee.

Enjuiciar al autor del delito penal es complicado porque este se esconde tras el anonimato, lo que ocasiona que, la mayoría de las veces, la Brigada Nacional especializada en Investigación Tecnológica, frente a la ausencia de datos personales, archive la denuncia, y entonces la víctima se queda perpleja, con un sentimiento de indefensión no aprendida y sin derecho a reconocimiento.

El peor de los casos es cuando la víctima ha sido estafada económicamente y siente un dolor profundo que le hace dudar de la amistad. Y aún más cuando comparte con alguien lo sucedido y oye decir: «¿Cómo has caído en la trampa? En la vida me sucederá a mí». Afirmación de falta de respeto absoluto por parte del otro, porque nunca digas «De esta agua no beberé».

Hay muchas historias reales de víctimas en el mundo que nunca contarán su experiencia pensando que van a ser acusadas de ignorantes. Cada una de las víctimas es un ser que cree en la amistad verdadera con todos sus valores.

Algunas personas piensan que es imposible que las puedan engañar porque las respalda su formación académica o su inteligencia. Se aferran a la creencia de que este tipo de incidentes solo les ocurren a otros, menos avispados, más ignorantes. La realidad es diferente, pues han caído en la trampa abogados, médicos, dentistas…; en otras palabras, perfiles que representan un nivel sociocultural más bien elevado. Y es que, por muy prevenidos que nos sintamos, existe toda una ingeniería social de ciberdelincuentes parásitos especializados para embaucarte y que se están lucrando de seres que creen en la posibilidad de hallar la amistad verdadera-sólida a través de las redes sociales.

Internet forma parte de nuestra realidad y, al mismo tiempo que brinda grandes beneficios, también genera serias amenazas, por lo que resulta necesario erradicar todo tipo de actividad perniciosa que ponga en peligro la integridad de las personas.

Existen, debido a esto, verdaderos dramas personales. Aunque el suceso se conciba como inofensivo, puede llegar a tener graves consecuencias. Todo empieza con una solicitud e inicio de amistad en esta nueva realidad virtual y, en algunos casos, ha llegado a terminar con la vida de la víctima por suicidio.

En definitiva, la ciberdelincuencia ha llegado a nuestras vidas y cada vez es más sofisticada, lo que nos conduce a tomar medidas cautelares, así como incrementar la seguridad en redes sociales y denunciar un mal uso de las mismas.

Palabras finales

Tras jornadas de incesante búsqueda informativa y el desglose reflexivo que consta en las páginas anteriores, he llegado a las siguientes conclusiones:

— La amistad y el amor son inoxidables si son verdaderos.

— Me sumo a la esperanza de Zygmunt Bauman en el convencimiento de que es posible superar los problemas que plantea la sociedad líquida contemporánea.

— Reivindico que todos los días sea el Día de la Amistad Verdadera-Sólida, con obras y no buenas razones. A pesar de las decepciones y las traiciones que he vivido, estoy segura de que existen más seres como yo que creen en la amistad auténtica y actúan como verdaderos amigos.

— Nadie ni nada puede turbar una amistad verdadera-sólida.

— Es posible superar los problemas que plantea la sociedad líquida contemporánea o el siguiente estado será gaseoso. Aunque es una evidencia científica que el universo está formado por materia y esta puede encontrarse en tres estados de agregación: sólido, líquido o gaseoso. El ser humano es más que materia en la sociedad moderna líquida en la era 3.0.

— En este ensayo-relato utilizo más el género masculino. Cuando escribo o hablo de sentimientos, pienso en el ser como cuerpo, mente y esencia no visible, más que en la persona, el personaje social que se esconde detrás de la máscara que se crea para representar el papel elegido, o que se tiene que asumir por obligación, por el motivo que sea.

— «Resumiendo, *online*, a diferencia de todo lo que ocurre *offline*, soy yo quien ostenta el control: yo soy el jefe, yo mando. Tal vez no tenga madera de director de orquesta, pero soy yo quien decide qué música suena», fueron las palabras de Zygmunt Bauman. Que descanse en paz en la eternidad líquida…

Como colofón, quiero dedicar este ensayo-relato a la memoria del sufrimiento de todas aquellas víctimas que han sido estafadas, emocional o económicamente, por falsas identidades y nos incitan con su doloroso ejemplo a no desistir en la batalla contra la ciberdelincuencia.

VICTÒRIA TUR PARRA

🖾 @viktoriatoya1escritora

Victòria Tur Parra es licenciada en Filología Románica por la Universidad de Valencia, graduada en Comunicación Informativa por la UOC (Universitat Oberta de Catalunya) y diplomada en Grafología. En la actualidad, combina su trabajo como empleada pública en la Generalitat Valenciana con su afán por la escritura. Además de su participación en *15 miradas a la amistad*, prepara bajo su autoría un libro de temática fantástica y su primera novela contemporánea.

REFERENCIAS BIBLIOGRÁFICAS

Bauman, Zygmunt (2006). *Vida líquida*. Paidós, Barcelona.

— (2018). *Amor líquido*. Paidós, Barcelona.

— (2018). *Generación líquida*. Paidós, Barcelona.

Cervantes Saavedra, Miguel de (1988). *El ingenioso hidalgo Don Quijote de la Mancha*. Ed. Jover, Barcelona.

Díez, Silvia (2023). «65 frases sobre la amistad verdadera». *Cuerpo y mente*. Disponible en https://www.cuerpomente.com/frases/50-frases-sobre-amistad-verdadera_6676.

Frankl, Viktor (2015). *El hombre en busca de sentido*. Herder Editorial S. L., Barcelona.

Vespucci, Guido (2006). «Amor líquido. Acerca de la fragilidad en los vínculos humanos». *Revista argentina de sociología*, 4 (6), 160-163. Disponible en https://www.redalyc.org/articulo.oa?id=26940608.

ANA CÁRCAR

EL *BULLYING* EN LA ESCUELA: CONFLICTO DE LEALTADES

> *«Es más vergonzoso desconfiar de nuestros amigos que ser engañados por ellos».*
> **Confucio**

Juegos perversos

María estaba sola en el recreo. Su hermana, de seis años, se encontraba enferma y no había ido a la escuela. A fin de cuentas, sola tampoco estaba tan mal, pensaba. Cuando terminara el curso, solo le faltaría uno más para pasar al instituto. No era tanto tiempo. ¿O sí? ¿Sería capaz de soportarlo? Sus amigas habían dejado de serlo hacía más de un año, y María no paraba de preguntarse por qué, qué había hecho mal o qué hacía mal todos los días para recibir ese maltrato. Mientras estaba en ese devaneo de pensamientos y preguntas, se acercó Lucía, su antigua mejor amiga, insistiendo en que fuera a jugar con ellas. María se negaba, ya no se fiaba de nadie. Finalmente, tras pensarlo un poco y ver que Lucía parecía sincera, aceptó.

Estaban jugando al burro, que consiste en una cadena de niños agachados, en la que el primero está apoyado en la pared y los demás van saltando sobre sus espaldas. A María le cedieron el honor de saltar la primera. Ella no se lo podía creer. Por fin parecía que la aceptaban y, con mucha alegría, hizo su pequeña carrera y saltó. En ese momento, Antonio, que era el último de la cadena, gritó: «¡Ya!». Entonces, todos se apartaron y María se estrelló contra el suelo. Mientras se recomponía, aguantando las lágrimas, primero de impotencia y luego de dolor, escuchaba las carcajadas de todos. De todos, menos de Lucía. Pero qué importaba: ella le había preparado la trampa, lo que ya casi se había convertido en una costumbre. Sin embargo, Lucía se sentía fatal, ya que no sabía nada; se la habían vuelto a jugar. Le habían dicho que les daba pena que María estuviera hoy sola; que, como no estaba su hermana, le iban a dejar jugar; que ya no la iban a fastidiar más. Esas cosas… Y la pobre Lucía se lo creyó una vez más.

Lucía quiso hablar con María, pero ella se apartó; se fue a una esquina discreta del patio y se puso a llorar. A Matilde, la profesora de Música, le sorprendió verla sola en una esquina. No le extrañó encontrarla triste, pues nunca había sido una niña alegre. Se acercó y trató de animarla, al mismo tiempo que intentaba discretamente averiguar si le pasaba algo. María le dijo que se había resbalado y se había caído, y que volvería con sus compañeros de clase cuando se le pasara. Parecía una respuesta razonable. Y ahí se quedó el asunto.

Al final, sonó el timbre y María se sintió un poco aliviada, pero al mismo tiempo tenía que coger fuerzas para lo que sabía que iba a venir al subir a clase, ese breve momento hasta que apareciera la profesora.

Al llegar, tuvo otra sorpresa. Ana, su peor enemiga, se acercó y le preguntó con una sonrisa cómo estaba. María agachó la cabeza y contestó un tímido «Bien». Seguidamente, Ana le cogió la mano, subió su brazo y le dijo que le gustaba su pulsera. Los demás niños la miraban atónitos. Tocar a María significaba contaminarse y, para quitarse esa contaminación, tenían que tocar a otro compañero o compañera y decir «Pez espada», y así se iban pasando la contaminación unos a otros. Lo mismo pasaba con la ropa y las cosas de María, así que nadie colocaba el abrigo al lado del suyo en el colgador. Además, este perverso juego lo había inventado la propia Ana, así que toda la clase se sentía confundida. Todos, excepto María, que, muy contenta, le dijo que se la había hecho su hermana. Entonces, Ana pegó un tirón y se la arrancó.

La maestra entró en clase. Todos se sentaron en silencio, como si nada pasara. Y comenzó el ritual: Ana tenía que descontaminarse. Tocó la mano de su compañera más cercana y dijo: «¡Pez espada!». La maestra lo vio y amenazó con mandar tarea extra para casa si seguían con ese absurdo juego de cada día; por supuesto, totalmente ajena a su significado.

Datos y actores del *bullying*

Como es de esperar, los nombres son inventados. Los hechos, no tanto, pero corresponden a diversas experiencias que han sufrido niños y niñas en diferentes centros educativos. De hecho, hoy en día es difícil no toparse con algún caso de *bullying* en las aulas.

Fuensanta Cerezo, profesora de Psicología de la Educación, y Consuelo Lacasa, doctora por la Universidad de Murcia, ya informaron en su estudio de 1997 que el *bullying* en España estaba, entonces, en torno al 17 %; que era prácticamente inexistente hasta quinto de primaria, y que la edad con mayor implicación se situaba alrededor de los diez años en educación primaria y en los trece en educación secundaria, mientras que la incidencia era de un 23 % en el primer caso y algo más del 22 % en el segundo. Pero de 1997 a la actualidad el triste avance parece imparable.

Según la ONG Internacional Bullying Sin Fronteras, un estudio realizado entre enero de 2021 y febrero de 2022 determinó que siete de cada diez niños sufren algún tipo de acoso o ciberacoso, con un total de 11.229 casos graves, sufriendo un aumento del 20 % anual sobre el estudio anterior. Estas cifras colocan a España en uno de los países con más casos en todo el mundo.

La misma fuente nos ofrece una perspectiva de género muy interesante. En el caso de las chicas, el *bullying* está relacionado con la falta de sofisticación al vestir, al peinarse o incluso al caminar, y achacan esta situación al mundo de las *influencers* y a la generación de estereotipos de mujeres bellas y poderosas. Con el tiempo, esta deriva puede acarrear problemas en la salud, tales como anorexia, bulimia, ansiedad y depresión. Con los muchachos, los motivos son diferentes, pues la causa principal suele ser el bajo rendimiento en los deportes.

No obstante, y refiriéndome en este caso a mi experiencia, a la hora de hacer equipos, ya sea en los tiempos de ocio o en Educación Física, tanto las chicas como los chicos que sufren *bullying*, por otras causas diferentes al rendimiento físico, son siempre los últimos elegidos, los que no quiere nadie. Es más, cuando el pequeño grupo se ve obligado a elegir a una de las personas acosadas, muestra su malestar abiertamente, dañando nuevamente la autoestima de la víctima.

Como señalan Cerezo y Sánchez, la mayoría de los menores que padecen *bullying* sufren problemas graves, como nerviosismo, tristeza, soledad, alteraciones en el sueño y de rendimiento escolar, llegando en casos extremos a la idea de suicidio. Además, sus efectos perduran después del periodo escolar, destacando efectos psicopatológicos, alteraciones de personalidad, problemas en las relaciones interpersonales, mayor posibilidad de ser objeto de acoso laboral e incluso un porcentaje mayor de ideación suicida en su vida actual.

Veamos ahora a qué se deben estas situaciones.

La Asociación Española para la Prevención del Acoso Escolar destaca como circunstancias más determinantes, aunque no imprescindibles, la intencionalidad y el desequilibrio en el acoso y maltrato, ya sea verbal, físico o psicológico. El acosador o acosadora pretende conseguir un beneficio, como popularidad, poder u otros, y seguirá acosando si no recibe sanción alguna. La víctima, normalmente, sufre la situación en silencio. Los observadores pueden participar en el acoso o ser observadores pasivos, legitimando también el abuso.

No obstante, y según mi experiencia, el acosador o acosadora intenta obligar a todos a participar y, tal como hemos visto en el ejemplo, es capaz de manipular reiteradamente a la mejor amiga de la víctima para que colabore, incluso inintencionadamente. La mejor amiga de la víctima es también una de las mayores perjudicadas, puesto que, en muchas ocasiones, es amenazada con recibir el mismo maltrato y, si se muestra inflexible, acabará igualmente siendo objeto de acoso. De este modo, y por una cuestión de simple supervivencia, la amistad entre víctima y mejor amiga se rompe, siendo este uno de los procesos más dolorosos para la primera, que pierde el único apoyo que le queda.

Sabemos que María es la mayor perjudicada en todo esto, seguida de Lucía, su mejor amiga. Pero ¿cómo se siente Ana?

Los acosadores y acosadoras también son víctimas. Víctimas de sí mismos y de sus miedos e inseguridades. Cuando se llega al fondo de la cuestión, se descubre que Ana puede estar pasando por una situación familiar crítica o por cualquier crisis personal que no sabe resolver. La única herramienta que conoce para sentirse mejor es dañar a los demás, eligiendo como única víctima a la que considera más vulnerable. Puede sentirse mejor en los momentos puntuales en los que ve ganada su batalla personal contra la víctima. Pero eso no dura mucho, puesto que sus problemas personales siguen sin resolverse. Así, y como si de un adicto se tratara, busca la recompensa inmediata y etérea de forma recurrente. Es justo en ese segundo en el que se siente superior a uno de sus iguales, cuando recibe su dosis de satisfacción, cayendo a su propio abismo en el siguiente segundo. Equivocadamente, cree que mostrando su superioridad ante la víctima es respetada y admirada por el grupo y, de esta forma, siente que todos y todas son sus amigos. Sin embargo, la relación que se establece no es de amistad. Ana está confundiendo el respeto con el miedo que tiene cada una de las personas de su clase en convertirse en su víctima.

Pero, como hemos visto anteriormente, existen diferencias entre géneros. Miguel Urra Canales, decano e investigador de la Universidad Santo Tomás (Bogotá, Colombia), basándose en el análisis de más de cien referencias bibliográficas de distintos países, ha llegado a valiosas conclusiones: los chicos ejercen el acoso de forma más directa, mediante la agresividad física; sin embargo, las chicas acosan de una forma más sutil y psicológica, y esta, como también hemos mencionado antes, puede llegar a ser muy sofisticada. También está aumentando el *ciberbullying* entre las muchachas, ya que las nuevas tecnologías permiten difundir rumores y mensajes denigrantes con facilidad.

En cuanto al perfil sociológico, varios estudios demuestran que los acosadores y acosadoras, en muchas ocasiones, provienen de familias en las que también hay agresores, llegándose a encontrar, incluso, a tres generaciones de acosadores. Respecto al perfil psicológico, Urra, en los artículos analizados, ha hallado una correlación entre sentir baja autoestima o síntomas depresivos y acabar siendo un agresor o agresora; así como también otros estudios señalan que el agresor goza de buena autoestima o que ejerce de líder en el grupo. Los problemas familiares también son una constante en estos análisis.

Cerezo y Sánchez fueron incluso más allá y destacaron que, si los propios agresores afianzan su comportamiento desafiante, incluso con los adultos, aumenta su dificultad de autocontrol, y tienden a agruparse en pandillas, que suelen derivar en conductas disociales, y a relacionarse activamente con las drogas. Llegados a este punto, podemos afirmar que los agresores y agresoras destruyen el futuro de la víctima, pero también el suyo propio, llegando a anular, en ambos perfiles, las relaciones de amistad sincera que pudieran haberse producido en el pasado.

Modos de actuación

Revertir esta situación está en nuestras manos. De hecho, en la actualidad, se están implementando protocolos de actuación por toda la geografía española. El problema más acuciante radica en detectar los casos reales de *bullying*, ya que los conflictos simples, ya sean por ocupar espacios o por ser los primeros en cualquier cosa, se resuelven rápidamente y sin mayores consecuencias. Hay señales de alarma claras, como cuando, en caso de sospecha de *bullying*, se le pregunta a la víctima cómo es su relación con los compañeros y esta afirma que «todos le tienen asco».

Para poder detectar a tiempo los casos de *bullying*, es imprescindible entrevistar a todos los niños y niñas del aula y a sus progenitores, así como informar a todos los docentes y a la inspección educativa, y debe ser la dirección del centro quien tome las riendas. Ana está tan necesitada de ayuda y comprensión como lo están María, Lucía y tantos otros alumnos y alumnas que sufren estas vejaciones. Son niños y niñas sin herramientas apropiadas y sin la suficiente seguridad para afrontar estas desigualdades de poder.

Y tan importante es la actuación mediante protocolos como tener presentes ciertos consejos sobre cómo actuar. Miguel Urra nos ofrece los siguientes, para poder ayudar tanto a las víctimas como a los acosadores y acosadoras:

Cómo ayudar a las víctimas	Cómo ayudar a los acosadores y acosadoras
Detectando víctimas reales o potenciales.	Sorprendiéndolos en sus actos. Teniendo compasión.
Coordinándose los distintos profesores y servicios del centro.	Reconociendo a los acosadores reales o potenciales.
Examinando las propias creencias de cada uno sobre el acoso escolar.	No acosando al acosador.
Rompiendo el código de silencio.	Previendo las consecuencias de conductas acosadoras.
Escuchando a las víctimas.	Comunicándose con su familia.
Actuando de inmediato.	Enseñándoles a controlar sus conductas.
Enviando mensajes claros contra las agresiones.	Asesorándolos.
Movilizando a los testigos de las agresiones.	Implicando a otros estudiantes en su rehabilitación.
Trabajando la diferencia.	Enseñándoles habilidades de liderazgo.
Potenciando las relaciones con las familias.	Incentivándolos y motivándolos.
Repartiendo el poder de forma igualitaria. Empoderando a las víctimas.	Ayudándoles a gestionar su ira y agresividad.
Dando oportunidades a los alumnos más débiles.	Haciéndoles reflexionar.
No potenciando sentimientos de culpabilidad.	Enseñando formas positivas de sentirse poderosos.
Fomentando la cooperación y el trabajo en grupo.	Implicando a alumnos y alumnas más mayores.
	Ayudándoles a comprender por qué acosan a otros.
	Ayudándoles a dejar de acosar.

Considero también indispensable la necesidad de ayudar a la mejor amiga o amigo de la víctima, puesto que se convierte en un perjudicado más, obligado, a veces de forma inconsciente, a participar en el acoso, tal como hemos visto. En el momento en que se detecta un caso de *bullying*, es preciso crear un clima de confianza con la mejor amiga o amigo de la víctima, puesto que va a ser la persona más dispuesta a explicar las situaciones vividas, tanto de la persona acosada como de ella misma y sus compañeros y compañeras de clase.

Evolución del *bullying*

Según la Asociación Española para la Prevención del Acoso Escolar, no existe un perfil determinado ni de víctima ni de acosador, pero cualquier circunstancia diferenciadora de un niño o niña puede ser el motivo por el que se inicie un proceso de acoso. Por ejemplo, por su color de la piel, porque es muy listo, porque lleva gafas, etc. Otro elemento es la oportunidad: cualquier circunstancia que ponga a una persona en el foco y se inicie un proceso de burla y maltrato que se normaliza en el tiempo.

Sin embargo, y basándome en mi experiencia en las aulas, he observado cómo las características personales de la víctima, por no decir «perfil», se han ido modificando con el tiempo. Antiguamente, se acosaba a las personas obesas, se llamaba «cuatro ojos» a los que llevaban gafas, se insultaba a los más desfavorecidos económicamente e incluso, si nos retrotraemos a los años setenta, el acoso todavía se ejercía hacia los descendientes de los asesinados en la guerra civil española. En la actualidad, esto ha cambiado notablemente. Es cierto que puede desencadenarse un proceso de acoso escolar por una circunstancia puntual, pero, por norma general, las personas con pocas herramientas de socialización son las que suelen estar en el punto de mira. La falta de dichas herramientas puede deberse a causas genéticas, como los niños y niñas con asperger, déficit de atención o hiperactividad, o a una interacción de poca calidad con otros niños y niñas por motivos religiosos, por provenir de una cultura diferente, etc.

Entonces, entramos también en un proceso circular: si en el punto de partida la cantidad y la calidad de las interacciones no era suficiente, al iniciarse el proceso de *bullying* y caer en picado la autoestima de la víctima, la retrotracción será todavía mayor. También hemos señalado anteriormente que, especialmente entre los varones, se castiga a los chicos de bajo rendimiento deportivo, factor que también puede venir motivado por la falta de interacción fuera de la escuela, pues, si no practican actividades deportivas ni extraescolares, su red de contactos es más pobre que la del grupo de iguales. Y esta falta de interacción se retroalimenta a través del *bullying*.

Por otro lado, cabe destacar que, en los últimos años, al acoso personal se ha sumado el *ciberbullying*, mencionado anteriormente. Como señala la ONG Bullying Sin Fronteras, el problema es cada vez más grave porque el acoso se extiende las veinticuatro horas, a través de las redes sociales, sobre todo las denominadas «cuatro tóxicas»: WhatsApp, Twitter, Facebook e Instagram; lo que ya ha costado la vida a miles de jóvenes, niños y niñas.

Pongamos un ejemplo siguiendo con los mismos personajes. Ana crea un grupo de WhatsApp en el que incluye a toda la clase, excepto a María, y lo denomina «María da asco». Lucía no se atreverá a contárselo a sus padres, pero sí a María. Habrá niños y niñas menos implicados en la situación que sí se lo dirán a sus progenitores. Por experiencia, puedo decir, con tristeza, que esos padres no actuarán y que simplemente le aconsejarán a su hijo o hija que permanezca al margen y no se busque problemas. Un niño o niña decide contárselo a una profesora o profesor. Este toma cartas en el asunto, comienza a indagar, comprende que hay un caso de *bullying* en dicha aula y avisa a la dirección. La respuesta del acosador o acosadora será hacer llamadas con número oculto, con la colaboración de alguna amistad de instituto. Nunca ha sido habitual proporcionar el número de teléfono de un docente a un alumno o a sus progenitores, pero, con el confinamiento que provocó el COVID-19, así se hizo.

El acoso tradicional puede ser muy difícil de detectar, pero mucho más aún el ciberacoso. Los ciberacosadores tienen un alto dominio de la informática para su edad. De hecho, con diez años son capaces incluso de crear un perfil falso de la víctima para burlarse y difundir rumores que le perjudiquen. Pero, una vez detectado, lo más importante es actuar lo más rápido posible y desde todos los frentes. Descubriremos que todos los actores sufren y que, con un buen protocolo de actuación, acosadores y víctimas vuelven a crear lazos de amistad que pueden perdurar en el tiempo.

Siguiendo con el ejemplo, la dirección del centro informó a la inspección educativa y se reunió en varias ocasiones con el equipo docente. Entrevistó, en primer lugar, a María, seguido de Ana;

primero, a solas y, después, con sus progenitores. A continuación, se realizaron varias entrevistas a cada uno de los niños y niñas del aula, comenzando por Lucía, y tuvieron lugar encuentros cara a cara entre Ana y María. Asimismo, el equipo docente llevó a cabo numerosas actividades basadas en la convivencia y el buen trato. El resultado de la aplicación de un buen protocolo puede ser increíble. Al finalizar el curso, María, Ana y Lucía jugaban y reían juntas, y el aula, al completo, se había convertido en un ejemplo de compañerismo y, especialmente, de respeto entre ellos y hacia toda la comunidad educativa.

ANA ISABEL CÁRCAR IRUJO

@anacarcar
@anacarcar

Ana Isabel Cárcar es doctora en Antropología por la Universidad Pública de Navarra; licenciada en Antropología Social y Cultural por la UNED; maestra con especialidad en Educación Musical por la UPNA, y profesora de acordeón. Ha colaborado en varios proyectos de investigación en educación y en desarrollo social en España y en México, y ha participado en diversos congresos nacionales e internacionales en varios países. También ha publicado numerosos artículos en revistas científicas y congresos, así como capítulos en libros colectivos. En la actualidad, trabaja en su primera novela.

REFERENCIAS BIBLIOGRÁFICAS

Acoso escolar. Guía para padres y madres. CEAPA. Disponible en https://www.educacionyfp.gob.es/mc/sgctie/convivencia-escolar/recursos-nuevo/guias/acoso.html.

AEPAE (Asociación Española Prevención Acoso Escolar). Disponible en https://aepae.es/acoso-escolar.

Cerezo Ramírez, F. y Sánchez Lacasa, C. (2023). «Eficacia del programa CIP para la mejora de la convivencia escolar y la prevención del *bullying* en alumnos de Educación Primaria». *Apuntes de psicología*, 31 (2), pp. 173-181. Disponible en https://doi.org/10.55414/ap.v31i2.320.

Cerezo, F. (2009). «*Bullying*: análisis de la situación en las aulas españolas». *International Journal of Psychology and Psychological Therapy*, 9(3), pp. 367-378. Disponible en https://www.ijpsy.com/volumen9/num3/244/bullying-anlisis-de-la-situacin-en-las-ES.pdf.

ONG Internacional Bullying Sin Fronteras. Disponible en https://bullyingsinfronteras.blogspot.com/2016/11/estadisticas-de-acoso-escolar-o.html.

Urra, M. (2017). *Bullying. Acoso Escolar*. SocArXiv. Disponible en https://www.researchgate.net/publication/321210048_Bullying_acoso_escolar_Definicion_roles_prevalencia_y_propuestas_de_actuacion.

MÓNICA LÓPEZ

LA MANADA

«Yo vi una paloma herida y me duele el cazador».
Jorge Guillén

El grupo de los seis

Una manada es un grupo de animales de una misma especie que se desplazan todos juntos. Sin embargo, hoy, para cualquiera de nosotros, una manada es más que eso. Es una forma de plantarse frente a los otros de una manera muy particular donde prima la acción de herir a alguien en los aspectos más profundos de su ser y, en el peor de los casos, arrebatarle la vida. No hablamos de animales. No. Hablamos de jóvenes que se eligen y se configuran como un grupo de amigos.

Ahora bien, ¿es esto amistad?

El día después del ataque

La fiscal había diferenciado a coautores de partícipes necesarios. Las pericias de los celulares habían sido contundentes. Después vinieron las ruedas de reconocimiento, los restos de sangre en las ropas, las secuelas físicas de la golpiza, y la verdad se dejó ver. No había que hacer un gran esfuerzo para recomponer los hechos. El enfrentamiento de dos grupos de jóvenes había dejado como saldo la muerte de uno de ellos. El grupo de los seis, como lo denominó la prensa, fue detenido sin ofrecer resistencia.

Sin resistencia

El barrio estaba en silencio, el sol templaba la mañana y el olor a medialunas recién salidas del horno inundaba el aire. Una mujer de unos setenta años regaba las hortensias como todos los días. La policía detuvo la camioneta en el área que le habían indicado las cámaras. Una joven uniformada se acercó a una vecina para preguntar por un grupo de amigos que habían alquilado una casa. No había terminado de explicarle cuando levantó la mano y le señaló la casa en cuestión a mitad de cuadra.

La mujer policía caminó hacia el domicilio mientras su compañero estacionaba la camioneta en la puerta. Todo se veía en orden. A esa hora, la ciudad recuperaba la cordura. La agente abrió la tranquera y avanzó al interior de la propiedad. Otros dos policías, en cambio, recorrieron el perímetro y se quedaron al costado de las ventanas, las únicas posibles salidas. La mujer golpeó a la puerta. Los perros de los vecinos ladraron.

—¡Abra la puerta, es la policía! —se impuso.

La comunicación con la comisaría se había iniciado y las voces metálicas transcendían los intercomunicadores. Los perros ladraban con más fuerza y se escuchó la desesperación del comisario, que repetía una y otra vez que se cumpliera el protocolo al pie de la letra. Las palabras *prudencia* y *calma* sonaban como un mantra.

Aparentemente, entre los jóvenes habría menores de edad. Y si habían podido alquilar una casa, era porque no estaban solos. En la puerta que daba a la calle, algunos vecinos se acercaban curiosos a comprobar qué pasaba.

Matías Salgueiro, conocido como el Viola, estaba despierto y fue el primero en escuchar el alboroto.

—Momo, ¡la policía! —dijo mientras mandaba un mensaje desde el móvil a su padre: «Me quiero ir de acá». Se puso el *short* y una remera, y esquivó a los amigos que ocupaban los colchones desparramados en el suelo. Esperó a que el Momo tirara lo que había quedado de marihuana en el inodoro y después abrió la puerta.

La uniformada se presentó y, al toparse con la oscuridad y el vaho denso y ácido que procedía del interior de la vivienda, prefirió quedarse fuera. Había llegado otro patrullero más. Dos hombres se personaron:

—¿Cuántos son? —preguntó el de voz arenosa.

—Seis —respondió el Viola.

—Por favor, vayan saliendo de uno en uno con sus respectivos DNI.

Uno de ellos había levantado la persiana. Al menos una docena de platos sucios con restos de salsa se apelmazaban en la pileta de la cocina. Cubiertos, vasos, pedazos de pan y algunas ollas regaban la encimera. Sobre una mesa de comedor quedó un cementerio de botellas de cerveza, de Fernet, un poco de cocacola y varios envases convertidos en jarras.

Minutos después, un policía muy joven permaneció a la custodia del domicilio mientras los seis eran trasladados a la comisaría.

> Un joven de veinte años habría encontrado la muerte luego de una golpiza causada por un grupo de jóvenes a la salida de un boliche. El mismo había ido a pasar junto a sus amigos unos días a la costa atlántica. Los padres de la víctima viajaron a reconocer el cuerpo.

El pacto de silencio

Estaban acostumbrados a guardar silencio. Un cruce de miradas era suficiente para saber que nada saldría de sus bocas. Eran amigos. Pasara lo que pasara, nadie diría nada.

No era la primera vez que actuaban, pero, a diferencia de las otras tantas veces, en esta ocasión algo se les había escapado de las manos. La muerte de otro joven y el estar fuera del entorno protegido habían dejado en evidencia un modo de pensar, de sentir y actuar. Un comportamiento basado en los excesos, sin límites, sin autorregulación y con impunidad los había conducido a un punto extremo. Ya no había retorno.

Habían consolidado los lazos afectivos. El colegio, el deporte, el barrio los habían convertido en amigos. Amigos capaces de confundirse entre sí para verse como un gran bloque. La unión hace la fuerza, aunque el costo sea perder su propia individualidad.

Nunca negaron los hechos, y las imágenes registradas en el teléfono de uno de ellos eran contundentes. Entonces, tal como hacían habitualmente, desafiaron la autoridad. Ganar tiempo fue la consigna y nada los detuvo. Una jugada anticipada para desviar el juego, culpar a alguien que nunca había estado presente. Un artilugio hasta con cierto toque infantil que dejaba a las claras que no habían registrado la dimensión de los hechos.

Sin duda, el sacrificado, pese a que nunca había estado ahí, resultaría afectado. Él y su familia se vieron involucrados en aquella trama ajena a ellos. Sin embargo, a cada paso, una nueva verdad emergía. El mencionado había sido víctima de golpizas durante años. Hacerse cargo de la individualidad lo había puesto en la vereda contraria. Y donde no hay ley, el desorden manda y el silencio prima.

Las voces poco a poco se hicieron escuchar. Finalmente, fue imposible tapar el sol con un dedo. Estos excesos se conocían. Lo sabían los maestros, los profesores, los directores de las escuelas, los padres, los vecinos…, pero nadie se ocupó de ellos y cada uno los fue abandonando a su propia suerte.

El ataque de la manada es siempre un ataque feroz

Una de las cosas que más llama la atención es que la manada no oculta. Es decir, finalmente, las redes sociales, las cámaras de los municipios o los testimonios de las personas ponen en evidencia algo que a gritos desea ser visto. De hecho, en las detenciones no se observa resistencia ni hay integrantes que se oculten. Al contrario, todos se presentan como un bloque y con gesto desafiante.

No sé muy bien cómo fue. Estábamos en la calle. Era de noche. El centro estaba iluminado. Se veía bien, había gente, coches estacionados, y algunos negocios, como la heladería y un par de bares, estaban abiertos. Entonces, fui testigo del momento en que los seguratas del establecimiento expulsaron a dos grupos de amigos, lo habían hecho por dos salidas distintas. Era obvio que se encontrarían en la calle principal. En definitiva, se los quitaban de encima y los arrojaban a la calle para que se mataran si querían. Borrachos estaban. Eso, seguro.

Al rato, un tipo fornido de una de aquellas dos bandas le dio un golpe por la espalda a un muchacho de la otra pandilla y después se enzarzaron a golpes. Se notaba que un grupo no tenía experiencia en peleas y que el otro era casi profesional. Sabían cómo pegar.

Al chico lo derribaron. Los amigos intentaron defenderlo, pero no pudieron.

Otros tres miembros de la panda de los grandullones hicieron un círculo y no permitían que la gente se metiera en él para detener la riña. Había uno que arengaba «¡Muerte! ¡Muerte! ¡Muerte!». El que quedó atrapado recibió golpes muy fuertes.

No sé qué pasó. Nadie se metió. Yo apenas alcancé a llamar a la policía. Pero, para cuando estos llegaron, uno estaba muerto y de los agresores no quedó ni rastro. Se rumoreaba que se habían ido al McDonald. No lo sé…

> La gente quería las cabezas. Se necesitaron apenas unas pocas horas para que la población pasara de la consternación al pedido de justicia mientras la televisión emitía una y otra vez los chats y el video que uno de ellos había filmado aquel sábado a la noche.

Ahora bien, volvamos para atrás: eran grupos de amigos

Era la primera vez que cada grupo se iba de vacaciones así. Habían juntado el dinero, alquilado el lugar donde pararían, compartido gastos, ilusiones, ansiedades… Todo era más fácil con los amigos. Siempre.

Habían llegado a la ciudad con diferencia de un día y seguramente hasta se habrían cruzado en más de una ocasión, porque, tarde o temprano, todos se cruzaban en una ciudad tan pequeña. Ese sábado en la playa había sido inolvidable; la arena, el mar, la música, los sándwiches, el atardecer, las risas… Nada era mejor. La previa y el boliche remataban el día.

Llegaron con lo puesto y se dieron a la bebida. A cada uno le sentaba de un modo diferente, pero bastaba un detonante para ponerse en acción. Un altercado cualquiera. La causa era lo de menos. Se necesitaba una excusa, un motivo que activara creencias. Siempre se necesita algo que interpele la creencia de cierta superioridad socioeconómica, racial o sexual, simplemente, por machos.

Las manadas no se hacen de un día para otro. Al contrario, hay un conocimiento y un proceder que fue ensayado durante un tiempo. Hablamos de amigos que alguna vez no fueron manada pero que, de alguna manera, pertenecer a una les aseguró algo. Tal vez, reconocimiento y protección.

La manada se deja ver, pone el cuerpo y pide a gritos que alguien limite el exceso. Aquello que nadie hizo, un día, sucede y la ley ajusta el nudo de la corbata y sentencia.

Naturalmente, hablamos de muerte, de lesiones muy graves, de violaciones…, de cadena perpetua, de familias arruinadas y de jóvenes que arruinaron su vida para siempre.

«Yo vi una paloma herida y me duele el cazador».
Jorge Guillén

Consideraciones finales

Pasada la pubertad, la familia cede parte de su territorio al advenimiento de los grupos. Las modificaciones que se presentan en el cuerpo no pasan desapercibidas. Tanto los padres como los pares advierten los cambios del proceso inevitable que hace al crecimiento. Sin duda, esta etapa representa un duelo para los padres y también para los jóvenes. El adiós a los padres ideales y al cuerpo infantil forma parte de un proceso doloroso característico de la adolescencia. En este momento, el grupo de amigos, el espejo generacional, se vuelve imprescindible porque permite la configuración de una imagen reunificada del cuerpo a través de las miradas, el contacto físico, la moda, ciertos rituales y esos tantos elementos que identifican a los grupos.

Es decir, el grupo facilita ese desasimiento y desidentificación de lo familiar infantil y propicia la creación de ideales y modelos que definen la personalidad de uno mismo y que favorecen la socialización y el camino hacia la exogamia.

Son muchas las estrategias que contribuyen a la identidad adolescente en la «grupalidad». Recordemos que la condición de sujeto tiene lugar a través del otro.

Ahora bien, vemos que, en este último tiempo, salen a la luz y en todas partes del mundo ciertos comportamientos insidiosos en adolescentes y/o jóvenes adultos preferentemente masculinos que actúan a una o, como suele denominarse, «en manada». Es decir, nos referimos a agresiones físicas contra el otro —muchas veces, de tipo sexual—, donde definitivamente la destrucción y, en algunos casos, la muerte son los protagonistas.

Sin duda, tanto los excesos como la dificultad de establecer los límites y acatarlos generan estragos en la víctima y en el victimario. En la primera, porque no puede defenderse y queda en estado de vulnerabilidad y, en el segundo, porque nada de lo que haga será suficiente para alcanzar su deseo. En ambos casos, se trata de una agresión. Una agresión que aleja y desplaza al sujeto de las expectativas que la sociedad (los otros) tiene de él. No esperamos eso de los jóvenes, de los estudiantes, etc.

Se trata de un acto (causar la muerte, golpear, violar, etc.) como una respuesta inmediata a algo, sin permitirse que medie la palabra, la reflexión. El pasaje al acto prevalece sobre la posibilidad de hablar, es decir, de simbolizar.

Tal como explica Ortega y Gasset, hablamos de un hombre-masa a quien se ha vaciado de su propia historia. Eso que podemos contar (necesitamos palabras) y que es personal cede su lugar a la colectividad.

MÓNICA LÓPEZ

@monica.alopez
@ML.Autor

Mónica López, nacida en Buenos Aires, es licenciada en Publicidad y en Psicología, docente y autora de literatura infantil y juvenil. Ha colaborado con numerosas piezas teatrales, poesía y cuentos en manuales escolares de primaria y secundaria. Fue segunda mención en el Premio Sigmar de Literatura Infantil y Juvenil 2015 con la novela *Un concierto, dos vampiros y una noche de suspiros*. Inició su carrera como autora en el año 2008 y, hasta el momento, lleva publicados cerca de ochenta títulos en varias editoriales argentinas, como Az editores, La Brujita de Papel, Urano, Longseller, Quipu, Del Naranjo, Salim, entre otras. Gracias a la gestión de algunas de ellas, dos de sus colecciones fueron publicadas en Turquía y Canadá.

REFERENCIAS BIBLIOGRÁFICAS

Córdova, Néstor C. (2003). *La creación del cuerpo adolescente*. Universidad de Buenos Aires (Buenos Aires).

ANA MARÍA ROTUNDO

LA FAMILIA ESCOGIDA

«Lo esencial es invisible a los ojos».
El principito, **Antoine de Saint-Exupéry**

Isabela conoció a Laura en sexto de primaria. Un día, a la hora del recreo, observó que Laura estaba sola y recordó su propia soledad cuando, un año atrás, había ingresado a la escuela después de trasladarse desde Venezuela con su familia. Laura hablaba poco español porque acababa de llegar de Brasil, así que le agradeció en portuñol a Isabela su cálido gesto de acercamiento. Desde ese día, y durante los siguientes doce años, Isabela y Laura han sido confidentes, a pesar de que ambas, al año de conocerse, se mudaron a países diferentes.

Mantener un contacto diario a través de los medios digitales les ha resultado sin duda de gran ayuda, aunque también que los padres de ambas, al observar una relación tan larga y profunda, les hayan facilitado el que puedan verse, por lo que, al menos en dos o tres ocasiones, han podido viajar al país de la otra y compartir días de complicidad.

Sus vidas personales han sufrido grandes cambios desde aquel primer contacto a la hora del recreo, más acentuados que en cualquier otra etapa de la vida al haberse conocido cuando todavía eran prepúberes. A pesar de no volver a compartir aula ni ciudad, el cariño entre ellas ha sido igual que siempre.

La mudanza de Isabela al extranjero no había sido una decisión feliz ni tampoco fácil. Su madre se había visto forzada a emigrar por una situación política muy inestable y no había podido llevarla el primer año porque estaba sin pasaporte y el trámite, para quienes emigraban, se había convertido en un problema sin precedentes. Ese primer año, Isabela se había quedado en casa de sus abuelos y su madre se había visto en la necesidad de viajar con frecuencia a Venezuela para tratar de diligenciar el trámite del pasaporte y que pudiera su hija viajar con ella. El sufrimiento que causa este tipo de separación forzosa, a pesar de disfrutar del cariño y la compañía de los abuelos, va marcando a las personas y genera una carga emocional muy grande en la que predomina la sensación de orfandad y desesperanza.

Finalmente, después de casi dos años, Isabela pudo mudarse con su madre e inició sus estudios en la escuela donde, un año después, conoció a Laura. Sus comienzos habían sido muy difíciles porque sufrió el rechazo de sus compañeritas a causa de su acento diferente, su timidez y, muy probablemente, porque llegó cuando la mayor parte de ellas llevaban muchos años conociéndose y tenían sus grupos ya conformados.

Muchos años después, en uno de los viajes en que las dos amigas pudieron encontrarse, se dirigían juntas a un parque de atracciones cuando Isabela recibió la noticia de que su abuela había muerto. No tuvo necesidad de expresar todo lo que estaba sintiendo, puesto que Laura ya lo sabía y, a partir de ese momento, fue para Isabela mucho más que una compañía. El amor es así de exclusivo y capaz de dejar el propio disfrute por acompañar en emociones a la persona que se quiere.

Después de este breve relato de dos amigas, voy al significado de la palabra *amistad* según el diccionario: «Afecto personal, puro y desinteresado, compartido con otra persona, que nace y se fortalece con el trato». Se entiende entonces que se refiere al sentimiento bilateral con cualidades altruistas que requiere de tiempo para establecerse y desarrollarse; sin embargo, se ha aceptado de manera general el uso de la palabra para referirse a relaciones circunstanciales que pueden gozar de muchas cualidades sin que por ello lleguen a ser amistad. Tal asunción sobrevalora el relacionamiento normal y propio de las personas para situarlo en un nivel más exigente sin que exista consciencia de ello; es así como utilizamos la palabra *amigo* para referirnos prácticamente a cualquier tipo de relación.

Las relaciones con otras personas son fundamentales y necesarias porque somos seres sociables que vivimos en comunidad con nuestros semejantes. Esas relaciones, en un aspecto de sanidad colectiva, deben ser cordiales y basadas en el respeto mutuo sin que por ello sean de amistad. Diría que este enfoque universal funciona en todas las etapas de nuestra vida, incluso desde nuestra infancia, porque el vecindario, el colegio, la universidad y nuestro lugar de trabajo representan comunidades formadas por personas que tienen intereses comunes y buscan los mismos objetivos.

La amistad puede surgir o no en cualquiera de esos entornos sin necesidad de transformarse en un círculo cerrado o un clan de amigos que establecen sus propias normas y deciden quién es o no apto para pertenecer a él. Eso no es amistad, diría más bien que ese tipo de grupos representan la degradación del sano relacionamiento y la tergiversación más espantosa de la amistad.

No se trata entonces de utilizar mal una palabra, se trata de que el lenguaje produce efectos importantes en nosotros, no solo porque a través de él podemos comunicarnos, sino porque a través de él desarrollamos ideas y comportamientos de los cuales se derivan consecuencias que pueden ser muy destructivas. Tener grupos de conocidos a los cuales apreciamos y con los que compartimos momentos incluso más íntimos es bueno y nutritivo para las personas, aunque no sean nuestros amigos, siempre y cuando haya cordialidad y respeto. Es decir, que pueden ser momentos puntuales y finitos donde las personas comparten y disfrutan entre ellos y donde puede surgir alguna amistad o no.

En su libro *El principito,* en el capítulo XXI, Antoine de Saint-Exupéry habla de la amistad. Allí, el zorro le explica al principito que, si lo domestica, dejará de ser un zorro más entre los muchos que existen en el mundo para convertirse en único para él, y viceversa. Para ese proceso de domesticación se requiere tiempo y se entiende que, al domesticarlo, se creará un vínculo afectivo profundo entre ellos que significa una responsabilidad mutua. En pocas palabras, y a través de una conversación sencilla, el autor nos dice muchas cosas profundas sobre la amistad.

Quizás, el ejemplo más claro del relacionamiento por curiosidad o por motivo de un juego o actividad deportiva es el que se produce entre los niños. Y aunque los padres puedan referirse a sus compañeritos como sus amigos, en realidad, no lo son, ya que no cuentan con la madurez emocional para establecer vínculos profundos más allá del que tienen con sus familiares. En este caso, el rol de los maestros y los padres es fundamental para que los niños puedan tener un sano proceso de socialización en el que prime la tolerancia, la cordialidad y el respeto. De esa manera, se sentarán bases sólidas para que, más adelante, cuando crezcan, puedan tener amigos.

Para los adolescentes, la socialización se convierte en un tema que reviste mucha importancia. Es el momento en el que tienen la madurez suficiente para comenzar una relación más profunda donde se exige lealtad; es decir, que, a partir de ese momento, se comienzan a establecer vínculos que pueden terminar en una amistad. Es cierto que, también durante estos años, habrá muchos compañeros de fiesta; otros con los que se practicarán deportes en equipos, y otros con quienes formarán grupos de estudio. Y muy probablemente, entre ellos exista cordialidad, simpatía y, por supuesto, el deseo de lograr una meta común; sin embargo, no necesariamente esos vínculos representan amistades. Esta última afirmación permite hacer referencia a los tipos de amistad que describió Aristóteles. Un tipo en particular, que denominó «perfecta», es la que, ciñéndonos al significado de la palabra, podríamos considerar como la verdadera porque se basa en el aprecio sincero mutuo, aceptándose tal y como son, sin que medie ningún interés.

Ese vínculo, por su naturaleza altruista, no es masivo, sino más bien muy exclusivo, y es, desde mi punto de vista, lo que explica por qué los amigos son pocos y muchos los conocidos y compañeros. Se requiere que las dos personas que comparten una amistad tengan los mismos valores, se conozcan profundamente y sientan afecto el uno por el otro. Tal tipo de relación es exigente en cuanto a tiempo y dedicación, razón por la cual no es posible establecerla con muchas personas.

En la edad adulta, sin embargo, muchas situaciones complejas pueden producir cambios muy negativos en esa relación que se fortaleció con los años, incluso resquebrajando la familia. Una de esas situaciones extremas que he presenciado ha sido la polarización política, cuyo germen está en los regímenes populistas que utilizan banderas de diferente naturaleza para crear dos bandos antagónicos: uno en el que se incluyen ellos y se consideran los «buenos», y otro donde están los que no piensan como ellos, señalados como los «malos». No importa si en estas situaciones existe una base ideológica o el deseo de tener el poder a cualquier precio, el caso es que suelen ser muy destructivas para la economía de los países y para la moral de sus ciudadanos, ya que utilizan la represión y la violencia como mecanismos de control.

Y cuando logran permanecer muchos años con el control de las instituciones, aunque no quede ninguna duda del daño causado al país y existan evidencias materiales demoledoras, en vez de generarse la concientización y fortalecerse la unión ciudadana para cambiar la situación, viene lo que yo llamo «el remate», y es un proceso perverso y cruel donde el Gobierno, encargado de manejar los recursos, manipula con el hambre a la población. Hasta aquí es obvio que hay muchísimos perdedores y algunos pocos ganadores. Entre los perdedores hay unos que, para sobrevivir, colaboran con los ganadores, convirtiéndose en piezas clave para lavar la cara al régimen. Sin duda, esta suerte de maldición por la que muchos países han pasado o están pasando no solo acaba con bellas relaciones de amistad, sino que fractura y separa de por vida a la familia. Es lo que yo llamo el *non plus ultra* de la maldad.

Ciertamente que, aun en esas circunstancias terribles, es probable que dos amigos apegados siempre a sus valores éticos coincidan en el bando de los justos y no sucumban ante las vicisitudes que tendrán que confrontar en el tiempo. Ello les permitirá mantener intacta su relación, incluso a pesar de que se produzcan separaciones por causa de una emigración forzada, como hemos visto en el relato anterior.

Vistas de manera general algunas de las muchas complejidades que producen cambios significativos en la vida de las personas adultas, tendríamos entonces que concluir que son ellas también las que pueden producir cambios en los sentimientos y ser generadoras de duelos: la amistad nace y se desarrolla, pero también puede morir.

Sin duda, los valores son universales y, en consecuencia, son comprendidos y compartidos por las personas en su conjunto, por lo que el sustrato del sentimiento de afecto que envuelve a la amistad es también universal.

Hace unos meses, mi hija me invitó a ver una serie animada de un manga japonés de la autoría de Eiichiro Oda llamada *One Piece*, la cual se basa en el afecto que une a los *nakama* («amigos» en japonés). Es hermosa la presentación de cada personaje porque, ante la diversidad de sus orígenes y sus propias diferencias, tienen en común la admiración mutua, la confianza y el afecto. A través de las diversas situaciones que viven juntos, se van haciendo mejores personas, fortaleciendo sus valores individuales. Es la familia escogida, donde se sienten parte importante y a la que jamás decepcionarán.

Decía Confucio que «es más vergonzoso desconfiar de nuestros amigos que ser engañado por ellos», y ahora viene una reflexión que se aplica a prácticamente todo: si nos comportamos como las personas a las que criticamos, o si actuamos en venganza ante una canallada de la misma forma cruel con la que nos trataron, somos exactamente igual de canallas; no podemos justificar una mala acción sencillamente por haber sido víctimas de ella. También se deriva del pensamiento de Confucio el hecho de que la amistad, como otros sentimientos que pueden nacer y fortalecerse con los años, no está exenta de terminar en algún momento.

La conclusión de lo antes referido es que la amistad es un vínculo tan importante para las personas como lo es la familia; sin embargo, esto no quiere decir, ni es mi intención hacerlo a través de toda la reflexión que precede, que deje de reconocer que existen relaciones a las que he llamado «circunstanciales» y que estas pueden llegar a ser relevantes en nuestras vidas. Hace años escribí un ensayo muy corto sobre las que denominé «personas mágicas» en mi página web (www.elalmanotienegenero.com). En aquel escrito decía que era importante recordar siempre las acciones que ejercen una carga emocional positiva en nosotros y nos ayudan a sobrellevar situaciones difíciles. Lo significativo de esta reflexión es que muchas de ellas provienen de personas a las que apenas conocemos y que, sin pedírselo, han dejado una marca positiva y nos han hecho recordar que no estamos solos.

En ese sano ejercicio, fui evocando, mientras escribía el ensayo, los gestos nobles de esas personas, muchas veces anónimas, que, sin conocerlas, hicieron algo bueno por mí. Como el médico que no cobró sus honorarios porque se enteró de que yo había enviudado; o el encuentro casual con un excompañero de trabajo que, al enterarse de que estaba desempleada, no descansó hasta conseguirme un empleo; o el exalumno que se extendió en dar excelentes referencias de mi persona sin yo saber que él estaría en posición de ejercer una buena influencia a mi favor; o un muchacho al que le choqué el coche y dejó que fuera a atender una emergencia, que era lo que me tenía tan apurada, y se conformó con una tarjeta de presentación y la promesa de que le cubriría los gastos; o aquella compañera que, cuando empecé en mi primer trabajo, me invitaba a almorzar con frecuencia porque sabía que no me alcanzaba el sueldo... Y de la misma forma en que esas personas se cruzan en nuestra vida para hacernos el bien, hay muchísimas otras que nos dan una mano, que son amables y que, con cada gesto, nos hacen la vida más llevadera.

Toda esa gente es importante y definitivamente necesaria; sin embargo, no son nuestros amigos, y es probable que en muchos casos ni siquiera volvamos a coincidir con ellos, aunque, sin duda, nos dejaron una huella maravillosa. Por el contrario, los verdaderos amigos se mantendrán siempre cercanos a nosotros, aunque estén lejos físicamente, de la misma forma que Isabela y Laura lo han experimentado a través del tiempo. Es la hermandad escogida.

ANA MARÍA ROTUNDO PÉREZ

@AnaMariaRotundo-Escritora
@escriana60
www.elalmanotienegenero.com

Ana María Rotundo Pérez nació en Caracas, Venezuela. Es graduada en Administración Comercial y Contaduría Pública, con una especialización en Banca, área en la que ejerció su profesión por más de veinticinco años. Actualmente, trabaja en el sector inmobiliario y toma clases de programación. En 2018, realizó varios talleres literarios dictados en la Universidad de Panamá, país donde le fueron publicados tres de sus cuentos en el diario de circulación nacional *La Estrella de Panamá*: *El síndrome*, un relato divertido que hace una llamada de atención al exagerado uso de las redes sociales; *Epifanía de Mei*, que trata de la superación del *bullying* escolar, y *El vigilante,* un tributo a los padres. Ese mismo año, creó el blog www.elalmanotienegenero.com, que cuenta con más de treinta mil visitas. En 2019, la editorial Caligrama publicó su primera novela, *La espiral de Enós*, que versa sobre la contradicción y la dualidad del debate interior del ser humano. Al presente, se encuentra a la espera de la publicación de su segunda novela, *Figmentos*, y de un libro de relatos cortos ilustrado titulado *Entre cuentos.*

PARTE 4:
CREEMOS

Creemos que la amistad es un tesoro.

Sé tu mejor amigo

Cuando lo difícil es dejar a un lado las comparaciones y la envidia, para encontrar el valor de celebrar que a otro le va mejor que a ti mismo.

En busca de alguien que tolere mi éxito

Y nos gusta la idea de interpelarnos para detener el juego, reflexionar y creer que se puede hacer un mundo mejor.

Cinco paradas de verano

CÉLINE KRISTELL

SÉ TU MEJOR AMIGO

¿Qué tal van tus relaciones hoy en día? ¿Cómo van tus amistades actuales? ¿Y cómo eran las de tu juventud? ¿Te has parado a pensar alguna vez en ello igual que lo sueles hacer con las relaciones de pareja? En mis treinta y siete años de experiencia de la vida, he visto, escuchado, sentido y compartido muchos desamores; no solo míos, sino de todas las personas que me rodeaban; sin embargo, apenas he vivido lo mismo con las «desamistades».

¿Será que lo consideramos menos importante? ¿Que duele menos? ¿Que no las necesitamos tanto como a una pareja a la que amamos y nos ama de manera incondicional; que comparte nuestras vidas; con quien podemos hablar y confiar; que sea nuestro confidente y mayor apoyo, o que admiramos y nos admira a su vez? Curioso. Mientras escribo estas últimas palabras, me da la sensación de que me estoy refiriendo precisamente a lo que son los verdaderos amigos. Quizás tenemos idealizado lo que nos puede aportar una pareja y subestimado lo que nos puede aportar un buen amigo.

Mi padre murió en el año 2009. Mi madre había estado a su lado sus últimos dos años, a pesar de vivir separados ya. Creo que fue entonces su mejor amiga. El día que mi padre se marchó, fue un descenso al infierno para mi madre. No tuvo el apoyo de esos amigos que creía que tenía; se pasaba horas llorando a la espera de que sonara el teléfono, que fueran esos supuestos amigos quienes la llamaran y la invitaran a salir, pues ella estaba sola ahora. Lo único que tenía era a Rexa, nuestra perrita mayor, que no la abandonó mientras vivió. Mi hermano y yo nos habíamos independizado hacía tiempo. Teníamos nuestras vidas y nuestros trabajos, y no pudimos estar tanto como lo deseábamos con ella. Estábamos todo lo que podíamos estar, pero no fue suficiente. Ella quería amigos. Y no los tenía.

Los siguientes dos años, mi madre se hundió bajo el peso de la soledad, viendo cómo sus expectativas no se cumplían. ¿Eran demasiado elevadas? Depende del punto de vista. Para ella no lo eran. Decidió entonces marcharse a su casa en el sur de Francia, todavía más aislada; hectáreas de terreno sin vecino alguno, sin ruidos, sin más movimiento que las hojas de los árboles, aún más solitaria. ¿Contradictorio? Quizás, no. Resulta que era más fácil aceptar la soledad en un lugar solitario que en una ciudad llena de gente y de personas que algún día se hicieron pasar por amigos; esa gente que te hace sentir sola. Dice que pasó página, que los tachó de su vida y lo superó. No creo que fuera cierto hasta pasados muchos años. Pero, si a ella le valía, entonces nos valía a nosotros también.

Con el paso del tiempo, ya pudimos sentir que recuperaba cierta serenidad al respecto y empezaba a relacionarse con gente del pueblo. Encontró amigas con las que salir, con las que charlar, con las que sentarse a hablar durante horas. Parecía que le daba un poco más de vida, algo más de esperanza; salía más de casa y sonreía más. Rápidamente, esas mismas amigas empezaron a encontrar pareja, y ya sabemos lo que pasa en estos casos: nos centramos en la pareja, ya no contamos tanto con nuestros amigos, estamos ocupados y distraídos. Ya no los necesitamos tanto. Poco a poco, dejamos de llamarlos. Ya no estamos solos. Uno de los mayores miedos del ser humano.

¿Otra vez? ¿Otra vez sus amigos la dejarían a un lado? Sí. Ocurrió de nuevo. Esta vez, llegó hasta las puertas del infierno, pero sin entrar. Su experiencia la hizo más fuerte y le costó menos superarlo. Su enfoque cambió: ya no quería amigos, quería pareja. Normal. Las lecciones de vida que se ha llevado le dicen que los amigos se van y la abandonan. Entonces, pensó que lo mejor sería buscarse una pareja, ya que existe una especie de compromiso tácito entre las partes: mientras dure la relación, no estaremos solos. ¿Estaba dispuesta a aceptar a cualquier buena persona como pareja? Pues no, no llegaría a decir esto, los criterios de selección son diferentes. No era capaz de hacer nada por el hecho de no tener pareja. Su vida se paró cuando se marchó mi padre. No encontró la fuerza de viajar, de salir sola al restaurante o de ir a ver una película al cine. Sé que es algo que a muchos les aterra, aunque, si lo probaran, se darían cuenta de lo sanador que es saber que no necesitas a nadie más que a ti para sentirte a gusto con la vida. Las amistades, las parejas, las experiencias luego llegan solas a consecuencia de sentirte plena. Pero entiendo que es difícil asimilar este concepto de la vida.

Mi madre y yo, a pesar de querernos con locura, hemos chocado mucho por esta misma razón. Mi punto de vista es muy diferente al suyo, y yo no conseguía entender por qué solo le daba valor al hecho de tener una pareja y que, sin ella, no fuera capaz de vivir. Entonces, entró en juego la ley del equilibrio, del yin y del yang, y desarrollé el concepto opuesto al de mi madre. Desde aquel momento, yo ya no quería pareja, no encontraba en ellas todo lo que me podía aportar una verdadera relación de amistad. Y dejé de enamorarme.

Puede sonar triste, pero no lo es. Soy una loba solitaria y me encanta. Corté con todas mis relaciones tóxicas del momento, excepto la de mi madre. Fue extremadamente sanador. No las necesitaba. Aprendí a valorarme, a crecer como persona, a no estar dependiendo de la voluntad de otros y a no desear entrar en grupos de amigos únicamente por encajar, ni a esperar que nadie me pusiera la etiqueta de *best friend*. Hoy en día, lo que más me gusta es viajar sola. Sola con mi coche y mi música. Estar en un aeropuerto con un buen libro y observar a las personas, cómo interactúan entre sí. Algunas se quieren; otras se aburren mutuamente; otras discuten, pero siguen juntas. Esto sí me parece triste.

Puedo decir que ese fue un trampolín para mí. Una vez conseguido ese bienestar conmigo misma, perder ese miedo a la soledad propio del ser humano, ya podía establecer cuáles serían los estándares de mis relaciones. Todo tipo de relaciones. Mis relaciones de trabajo, mis relaciones familiares y mis relaciones de amistad. Me mantuve con la mente muy abierta, convencida de que en cualquier parte había gente maravillosa, personas con los mismos valores que yo y la misma vibración. Simplemente, confié en que aparecerían en mi vida exactamente las personas que necesitaba que llegaran en ese momento. Hay que estar abiertos a recibir, entender que nadie es más que nadie. Cuando estás dispuesto a escuchar a todo el mundo que te rodea, estás dispuesto a aprender algo nuevo cada día. Ahí es cuando la vida te sorprende.

Y así fue. Conocí a una mujer extraordinaria, llamémosla Sarah. Empecé en un nuevo trabajo, y ahí estaba ella; radiante, sonriente y feliz. Destacando por la alta seguridad en sí misma que desprendía. ¡Guau! ¡Admiro a esta mujer! Una parte de mí decía: «Yo quiero ser como ella». Más adelante, supe que ella me admiraba a mí, por mi actitud calmada y tranquila, y mi capacidad para resolver los asuntos sin tener que estresarme, como la mayoría de gente. Tuve que aprender y espabilarme sola porque en ese momento la empresa no tenía bastante personal para estar formándome, pero, como yo era muy autodidacta y estaba acostumbrada a hacerlo todo sola, no fue ningún impedimento.

Todo empezó el día en el que ella me preguntó: «¿Cómo lo haces? ¿Cómo puedes estar tan tranquila cuando hay trabajo hasta el techo y vamos todos de culo?». A lo que yo le contesté: «Estresarme no me va a ayudar en nada, soy mucho más eficiente manteniendo la calma». Eso fue todo lo que necesitábamos para entender que ambas teníamos mucho que aprender la una de la otra y que nuestras diferencias serían nuestras mejores aliadas. ¡Qué bien sienta esto! Ir a trabajar se hacía mucho más placentero porque este tipo de relaciones te empoderan, te hacen bien. Te llevan a dar lo mejor de ti y a ser cada día una mejor versión. Simplemente, te elevan.

Pasados unos meses, ya habíamos encontrado muchos puntos en común. Hacíamos yoga juntas, asistíamos a eventos y fuimos acumulando un montón de cenas. Tener una amiga como ella me llenaba de vida, de confianza y de felicidad. No necesitábamos estar cada día juntas, sino saber que nos teníamos. Me di cuenta entonces de que una verdadera amistad influye directamente en cómo ves el mundo, pero también en cómo te ves a ti misma. Saber que ella estaba aquí para recordarme lo valiosa que yo era en momentos en los que dudaba de mí misma: eso no tiene precio. Por muy bien que nos sintamos por dentro, es probable que tengamos días nublados, en los que decaen nuestros ánimos, nuestras fuerzas y nuestras convicciones. No es sencillo apreciar lo valioso que es uno mismo, y tener a un amigo al que admiras a tu lado te ayudará a verte más digno y competente, tal y como te ve él a ti.

Leí una vez que, cuando una amistad comienza, le entregas a esa persona el poder de tu propio futuro. Tiene mucho sentido. Todos hemos oído el famoso dicho «Dime con quién andas y te diré quién eres». Es una idea muy profunda y acertada. ¿Recuerdas en el instituto lo mucho que temían las madres las «influencias» de sus hijos, es decir, nosotros? ¿Y te acuerdas de cómo te amoldabas a tu grupo de amigos? Cuanto más tiempo pasabas con ellos, más te parecías a tus colegas. ¿Y qué ocurre entonces? Llega un día en el que eliges tomar la misma dirección que ellos, o entras en razón y te alejas de los que no te hacen bien. Esta gran decisión ha determinado tu presente actual. A veces, pienso y reflexiono sobre mis años en el instituto, y te puedo afirmar, hoy en día, que mi vida no habría sido la misma de no haberme alejado de ciertas personas. Estoy segura de que a muchos nos ha pasado y, afortunadamente, hemos sido lo suficientemente maduros para ver en esas amistades lo que no queríamos para nuestras vidas.

Entendiendo esto, puedes tomar mejores decisiones y elegir con más claridad a quién dejas entrar en tu vida. ¿Quieres ser médico, dentista, cirujano? Rodéate de personas del sector que te llevarán a lograr tus metas. ¿Quieres ser rico? Anda con personas ricas. ¿Quieres ser escritor? Júntate con otros escritores. La ecuación sobre el papel parece fácil; no lo es tanto en la vida real. O quizás, sí. Todo parte de una elección, y esta determinará tu futuro. ¿Estoy diciendo que tienes que cortar radicalmente con todas tus relaciones y amistades actuales y quedarte completamente solo? Obviamente no, puede ser contraproducente si no estás preparado para ello. En cambio, sí que puedes encontrar un equilibrio, decidir con quién vas a pasar más tiempo y con quién estarás menos, quién te aporta y quién te limita.

Algunas situaciones te parecerán evidentes. Si un amigo se reúne contigo y no hace más que criticar a otros de su alrededor, ten por seguro que también hace lo mismo con ellos criticándote a ti. Si sientes que solo te dice lo que quieres oír, cuestiónatelo, pues un verdadero amigo es a menudo el que te dice justo lo que no quieres oír. Se llama «lealtad». Esa misma persona será capaz de defenderte aun cuando tú no estés delante. Empieza a medir el nivel de sinceridad que tiene hacia ti. La sinceridad es un factor clave en nuestras relaciones. Es lo que hace que veas a esta persona como auténtica; es el principio de la confianza y el respeto. Me atrevería a decir que nadie quiere mantener relaciones basadas en las mentiras; sin embargo, ocurre mucho más a menudo de lo que queremos admitir.

Un buen amigo conoce tus sombras más profundas y lo mejor es que sigue a tu lado. Él no te juzga, te apoya. No te pisa cuando has caído, te ayuda a levantarte. Mejor aún: él ve lo mejor de ti cuando tú crees que has tocado fondo. Volviendo a Sarah, puedo decir que ella fue capaz de ver una gran fuerza en mí en uno de mis mayores quiebres, y esto es poderosísimo.

¡Qué afortunada me sentía yo! Afortunada de tener a Sarah en mi vida. Ella hacía por mí todo lo que yo no quería o podía hacer. Me escuchó durante horas sin juicio alguno, tuvimos una buena dosis de conversaciones habidas y por haber. No existían tabúes, no había límites entre nosotras. Ella no me soltó la mano en ningún momento. Tejimos unos lazos fuertes y preciosos. Se estaba convirtiendo en amistad incondicional. De hecho, recuerdo una frase que ella siempre me decía: «Un amigo es aquel al que llamas a altas horas de la noche diciéndole que has cometido una locura, y no pregunta quién es el muerto, sino que dice que él trae la pala». Evidentemente, es una metáfora, pero dice mucho. A partir de ahí, elegí mantener a esta persona en mi vida y dar por ella tanto como yo había recibido.

Puedo afirmar con toda seguridad, por mi experiencia, que la amistad sincera, desinteresada e incondicional aporta muchos beneficios a nuestras vidas. Un estudio publicado en la revista *Personal Relationships*, cuyo objetivo era descubrir los vínculos que existen entre relaciones, salud y felicidad, afirma que la amistad puede ser mucho más intensa que las relaciones familiares. El profesor William Chopik de la Universidad Estatal de Michigan investigó a un grupo de 280.000 personas, de todas las edades y originarias de cien países diferentes. Se realizaron dos estudios: uno, con 271.000 personas sanas, para investigar el vínculo anteriormente mencionado, y el segundo se realizó con 7500 personas mayores. Ambos estudios demostraron que las amistades se vuelven cada vez más fundamentales en la vida de las personas para que se sientan bien y sanas. El primer ensayo determinó que las relaciones familiares y de amistad contribuyen a un mejor estado de salud y bienestar, y que, con la edad, las amistades se vuelven cada vez más fundamentales.

Las conclusiones de estos estudios apuntan a que las buenas relaciones de amistad te pueden cambiar la vida en cuanto a salud y felicidad. Chopik indica: «Por eso es tan inteligente invertir en aquellas personas que te hagan sentir bien». También señala que es importante que esas amistades sean sinceras, ya que una amistad tóxica puede producir el efecto contrario e incrementar los problemas de salud. Por lo tanto, el estudio va en la misma línea de lo comentado anteriormente. Es imprescindible que escojamos bien a nuestras amistades, que determinemos a quién le vamos a dedicar más tiempo y energía. Chopik añade que le parece sorprendente que demos prioridad a encontrar una buena pareja y no a unos buenos amigos. Ellos entran en segundo plano en nuestra vida cotidiana; sin embargo, sus beneficios son mayores que nuestra relación de pareja o familia. Probablemente podamos andar con cautela a la hora de determinar si es más importante la amistad o la familia, pues ambas ocupan un lugar único en nuestras vidas, pero sí podemos aplicar el mismo concepto en todas nuestras relaciones en cuanto a definir si nos elevan o nos limitan.

Así que hoy, querido lector, te invito a que te sientes un momento a reflexionar detenidamente. ¿Qué tienes a tu alrededor? ¿Cómo son tus compañeros de trabajo? ¿Cómo es la relación con tu pareja? ¿Y con tus amigos? ¿Te quedan amigos? A menudo nos encerramos en nuestro trabajo, nuestra pareja, nuestra casa y nuestros hijos, y apartamos de nuestras vidas a los amigos. Ya no tenemos más tiempo para ellos, ya no es tan importante quedar con ellos porque, después de un duro día de trabajo, lo único que nos apetece es llegar a casa. De todos modos, no estamos solos, en casa tenemos a nuestras parejas; algunos, también a sus hijos; otros, a sus padres, incluso a sus suegros. Está bien, si a ti te parece bien. En otras ocasiones, puede ser desgastante. Y si, encima, en el trabajo estás con gente tóxica, a la que no eliges, sino que soportas y no te aporta nada bueno, ese desgaste emocional se va incrementando.

Entonces, ¿cuándo vas a dejar entrar a ese o a esos amigos que tanto bien te van a traer?

El ritmo de la sociedad nos ha impuesto ciertas cosas; sin apenas darnos cuenta, hemos entrado en su juego. Nos hemos dejado llevar por este ritmo frenético de la vida de hoy y hemos dejado atrás muchos valores y principios que teníamos antes. Esos valores que pensábamos tener claros cuando empezamos nuestra vida como jóvenes adultos, llenos de ilusión por construir una vida a nuestra medida. ¿En qué momento la hemos perdido? ¿Cuándo hemos dejado atrás todo esto? Estamos cansados, estamos rendidos. Los años pasan, las personas se van y, antes de que te des cuenta, es demasiado tarde. Me gusta mucho la frase que dice: «No te imaginas lo pronto que se hace demasiado tarde». ¡Es tan cierto!

Pero hoy estás a tiempo, recuerda que tú tienes el poder de tu vida, tú tienes el poder de decidir y tienes el poder de elegir. Esto no te lo quita nadie. Recuerda cuáles son los valores principales que quieres para ti y para las personas que comparten tu vida; elígelos bien, haz una lista y mantente fiel a ella. Es el momento de empezar a nutrir esas amistades que te van a ayudar a mejorar tu vida y tu salud. Si hoy no los tienes, no pasa nada; cuando veas las cosas más claras y te alinees con tus valores, las personas adecuadas llegarán a tu vida. Ten presente que el primer mejor amigo que puedes tener eres tú. Confía en ti, sé sincero contigo mismo, ámate de manera incondicional, no te juzgues y permanece fiel a ti mismo.

Es un proceso, un recorrido interior que tienes que hacer tú solo. Yo lo hice en su momento, y sí, es verdad que he perdido amigos por el camino; será porque no eran tan amigos como pensaba. Los que me quedan son los que ahora necesito a mi lado. ¿Se quedarán para siempre? No lo sé. Pero hoy entiendo que, si han llegado, es por algo y, si se van, es porque ya hemos compartido todo lo que debíamos. La vida está llena de sorpresas y estoy abierta a lo que pueda ocurrir. Para otros, en cambio, el camino puede ser más largo. El proceso es diferente y cada uno tiene su propia ruta que transitar.

Ha llegado el momento de sanar.

CÉLINE KRISTELL BENET

Céline Kristell Benet nació en 1986 en un pequeño pueblo del norte de Francia, pero a los pocos meses de vida se mudó a Andorra, donde reside actualmente. De padre español y madre francesa, creció influenciada por ambas culturas. Se licenció en Letras y Literatura Española por la Universidad de

Toulouse (Francia) y, más tarde, cursó un máster en Gestión y Dirección de Empresas en Barcelona. Hoy en día es gerente de su propia empresa, aunque está dejando paso a su faceta más literaria. A finales del año 2022, publicó su primera novela contemporánea, *A un vuelo de ti*, y en el presente prepara una nueva novela del mismo género. Entender al ser humano y sus comportamientos en nuestra cultura actual ha sido siempre uno de sus mayores intereses. Se define como una mujer de valores y siente que muchos se están perdiendo; de ahí su deseo de compartir con el mundo su sentir y aportar una visión más humana a nuestro día a día.

REFERENCIAS BIBLIOGRÁFICAS

Chopik, W. (2017). «Associations among relational values, support, health, and well-being across the adult lifespan». *Personal Relationships*, vol. 14, pp. 408-422.

Brooks, D. (2022). «*¿Qué tienen las amistades que son tan poderosas?*». *Clarín*, The New York Times International Weekly. Disponible en https://www.clarin.com/new-york-times-international-weekly/-amistades-poderosas-_0_cQpT8qmd8M.html.

Redacción T21 (2017). «La amistad puede ser más poderosa que las relaciones familiares». *Tendencias21*. Disponible en https://www.tendencias21.es/La-amistad-puede-ser-mas-poderosa-que-las-relaciones-familiares_a44005.html.

ALBA LLORENS

EN BUSCA DE ALGUIEN QUE TOLERE MI ÉXITO

«El secreto, querida Alicia, es rodearse de personas
que te hagan sonreír el corazón.
Es entonces, sólo entonces, que estarás en el País de las Maravillas».
Lewis Carroll

Siempre he escuchado que es fácil tener amigos cuando las cosas van bien y que lo realmente complicado es conservarlos ante las adversidades, ya que la mayoría tiende a huir en cuanto se avecinan dificultades. Al parecer, es mientras atraviesas malas rachas cuando te das cuenta de que el compromiso y la lealtad son cualidades tan preciadas como volátiles, que disminuyen de manera directamente proporcional a la magnitud de tu tragedia personal, o que incluso, en ocasiones, se volatilizan como por arte de magia y no queda ni rastro de ellas.

A medida que se van conformando ese tipo de contextos complejos, se impone la autenticidad de unas amistades sobre las demás. Al fin y al cabo, se trata de una limpieza de tu círculo social; dolorosa y natural a partes iguales. Y como en una novela, siempre te llevas sorpresas. Algunas, positivas, y otras se acercan más a la decepción. No obstante, es precisamente en esos giros inesperados del guion, en los que, de pronto, un personaje periférico se convierte en indispensable en tu trama, donde reside la esencia de la amistad en estado puro y su capacidad para sorprenderte y para hacerte más fuerte. Se trata de pequeños detalles que generan en ti un gran impacto. Te hacen levantarte por la mañana, te ilusionan y te arrancan una sonrisa cuando repasas mentalmente algunas de esas conversaciones, en las que descubres esa conexión mutua y profunda con personas recién llegadas a tu vida, que se refleja en tu curiosidad y deseo por saber más sobre ellas. Esa complicidad inexplicable en la que se confirma que os entendéis con una simple mirada, sin necesidad de añadirle palabras. Esa es la magia. Es la química. Se trata de esa chispa inexplicable que te enciende el corazón y te alegra el alma. Y no es amor: es amistad. Aunque me cuesta pensar en la existencia de la amistad sin un componente de amor.

Esforzándome por ofreceros una visión con tinte pesimista, cuenta la sabiduría popular que, por lo visto, en los momentos difíciles, cuando las malas rachas se instauran, justamente cuando necesitas algo de apoyo, todo el mundo anda repentinamente atareado o demasiado ocupado para brindarte su atención y atender tus necesidades, por puntuales que estas puedan ser. ¿Coincidencia? No lo creo. No te culpes: el problema no reside en ti. No eres tú quien les repele. Solo tienen miedo.

Las desgracias, en principio, no son contagiosas hasta que no se demuestre lo contrario, pero causan ese efecto de rechazo. Además, si te encuentras en un momento bajo y muestras falta de energía, desconfianza, bajas vibraciones, y verbalizas continuamente tus dudas y preocupaciones, se acaban formando esos nubarrones negros que rondan sobre tu coronilla y que ahuyentan hasta al más dicharachero.

La clave de todo el proceso reside en llevarte un aprendizaje e integrarlo. Por más doloroso que resulte, ver cómo quienes te importan no responden como esperabas te regala una toma de consciencia. Un buen ejercicio es parar, observar su decisión de apartarse de tu vida conscientemente, para después ser capaz de aceptarla, perdonar y soltar; dejarlos ir. Porque ¿para qué retenerlos si no desean estar a tu lado? Y, sobre todo, ¿qué podrían aportarte si les falta capacidad, o bien voluntad, para ayudarte a sostenerte y a sanar?

Voluntad y capacidad. ¡Qué gran tándem! Os contaré que, en mi entorno profesional, como psicóloga forense, es habitual ser preguntada por juezas, abogadas y fiscales sobre la capacidad cognitiva y volitiva de las personas que presuntamente han cometido actos delictivos. La clave, en caso de que se demuestre que la persona fue responsable de los hechos investigados —que es, en definitiva, lo que desean saber los órganos judiciales—, radica, en primer lugar, en si la persona deseaba cometer un acto ilícito (si tenía intacta su voluntad, si era libre de decidir; es decir, si poseía capacidad volitiva) y, en segundo lugar, en si era consciente de la ilicitud del hecho y, por lo tanto, tenía la capacidad de juicio preservada (capacidad mental/capacidad cognitiva). Hay que tener en consideración que la capacidad mental (es decir, estar en tu sano juicio, en tus cabales, ser consciente de lo que haces) puede verse alterada en caso de abuso de sustancias tóxicas, si se presenta un trastorno mental o episodio de descompensación durante el cual existe una desconexión de la realidad (por ejemplo, durante un brote psicótico, una psicosis tóxica, un episodio maníaco o un trastorno mental transitorio), o en caso de presentar retraso mental u otras circunstancias del desarrollo que afecten a la madurez y a la toma de decisiones de la persona.

Apuntes psicológicos aparte, me vais a permitir que desmienta aquello de «querer es poder», ya que no todos los que quisieran ayudar disponen realmente de las habilidades para contribuir a la reparación emocional de un ser humano, y no todos aquellos que podrían ayudar desean hacerlo. Así que podemos jugar a hacer cuatro combinaciones con estas dos palabrejas que tanto me gustan:

A) **Voluntad y capacidad**: menudo lujo. Cuando ambas condiciones coexisten, tenemos ante nosotros a una persona que dispone de destreza, de tacto, y además desea prestarnos atención y dedicarnos su tiempo. Es decir, tienes la fortuna de tener en tu círculo a alguien que se muestra disponible, que desea invertir en ti y que está dispuesto a regalarte una porción de sus dos posesiones más valiosas: su tiempo y su atención.

B) **Voluntad sin capacidad**: personas que desean genuinamente contribuir a tu mejora, pero que realmente no disponen de la virtud ni de los recursos personales para reconfortarte, por más que se esfuercen por estar presentes.

En ocasiones, encontramos personas que, a pesar de intentar ayudar, contribuyen a exacerbar tu malestar. Su torpeza, su parcialidad, su exceso de juicio o su brusquedad quizás no te alivien, aunque igualmente se agradece su esfuerzo y su simple presencia, pues siempre aporta valor. En resumidas cuentas, «quien hace lo que puede no está obligado a más», y en estos casos, tal como reza el dicho, podemos afirmar que «la intención es lo que cuenta». A pesar de todo, es probable que, en momentos de desbordamiento emocional, necesitemos poner distancia con este tipo de personas, cuya voluntad queda eclipsada o incluso anulada por su tosquedad.

C) **Sin voluntad ni capacidad de ayudar a personas ajenas**: les mando compasión a aquellos que ni conocen ni practican la actitud altruista. Los percibo desde la tristeza, aunque más triste es caer en la cuenta de lo evidente: sin las habilidades para apoyar a otros, tampoco disponen de capacidad de autosanación, de manera que quedan expuestos al mundo y dependen totalmente del refuerzo externo. Es decir, se quedan a merced de la capacidad protectora que les ofrezca el entorno para salir adelante ante las adversidades. No les queda otra que confiar en que los demás dispongan del altruismo que a ellos les falta.

D) **Capacidad sin voluntad**, es decir, cuando la calidad humana brilla por su ausencia. Es desolador, pero debemos asumir que ciertamente existen personas que saben cómo ayudar y disponen de los medios para hacerlo, pero no tienen interés en pasar a la acción si no reciben nada a cambio. No dan, no ofrecen, no regalan, no intercambian, no aportan, no suman…, aunque raramente se abstendrán de pedir favores o difícilmente declinarán la ayuda y las oportunidades que los demás les brinden de forma natural y desinteresada.

No creáis que defiendo que estamos los buenos y los malos. No todo es blanco o negro. Ni siempre ni nunca. Y es muy probable que todos hayamos estado en ambos bandos en infinidad de ocasiones: en el lugar del que necesita ayuda y en el lugar del que debe elegir si ofrece su apoyo a quien lo necesita.

Cuando eres el afectado, no tienes elección: solo te queda afrontar las circunstancias que se te presentan. Pero, cuando tú puedes ser parte de la solución para otros, toca tomar partido. Y elijas el lado que elijas, lo que está asegurado es que posicionarte siempre va a implicar asumir un coste emocional. Aunque, a mi modo de ver, lo verdaderamente importante es si puedes dormir tranquilo por la noche y si sientes que estás haciendo lo correcto. En definitiva, esa calma que experimentas cuando, a pesar de las dificultades, tienes la certeza y la convicción de que estás contribuyendo a sanar el mundo y que estás donde debes estar.

La ambivalencia es natural y suele estar bien presente en momentos de incertidumbre, pero se suele exacerbar ante situaciones que exigen tomar decisiones difíciles. En estos casos, observarse a uno mismo, rebajar el ruido mental y escuchar la propia intuición suele aportarnos claridad. Y al final, la balanza se acaba decantando hacia un lado o hacia el otro. Me gusta pensar que todo sucede siempre a nuestro favor y que la vida nos ofrece los aprendizajes que vinimos a adquirir.

Puede que en ocasiones estés en el equipo de los desamparados y pidas ayuda, o quisieras pedirla pero no osas hacerlo, por no importunar. En este segundo caso, debes lidiar con la soledad y con la decepción, así como reajustar las expectativas que te habías creado acerca de tus amigos, que ni están ni se les espera. O puede que te lleves una muy grata sorpresa y te sientas arropado por quien tú deseas, o por alguien totalmente inesperado, sin haber tenido que pedirlo explícitamente. Y eso es aún más especial y único.

Por el contrario, puede que estés en el equipo de aquellos que están demasiado ocupados sobreviviendo y luchando sus propias batallas. Es posible que detectes las sutilezas y los signos de alarma que te indican que alguien necesita que le tiendan la mano. Pero quizás, en ese momento en concreto, no puedas o no desees sostener nada complicado que no te pertenezca, especialmente si se trata de situaciones dramáticas ajenas; en cuyo caso, deberás lidiar con el sentimiento de culpa por eludir una responsabilidad que sabes que te pertenece. Aunque te esfuerces por racionalizar y por convencerte a ti mismo de que alguien ya dará cobertura a la necesidad de atención de ese amigo del que ahora no puedes cuidar, ahí estará la culpa, acechándote.

Supongo que, cuando estás en el grupo escurridizo, formado por quienes disfrutan de una situación estable y podrían echar un cable pero prefieren no hacerlo, la clave para escabullirte reside en esforzarte en parecer poco disponible de antemano, ¡no vaya a ser que te pidan ayuda! Un posicionamiento egoísta, pero que resulta muy práctico y tiene un tremendo efecto autoprotector. Y como casi siempre en la vida, al final todo se reduce a las emociones, al sentir. Se trata del miedo y de cómo lo afrontamos. Todo se reduce al miedo y a cómo actuamos para protegernos y garantizar así nuestra propia supervivencia.

¿Huir o luchar? Esa es la eterna pregunta. Ante la desgracia de otros, ¿miramos hacia otro lado y nos alejamos silbando, o nos arremangamos y nos pringamos de barro hasta las cejas? Me temo que no suele haber término medio, al menos en mi caso. Si te implicas, ahí te quedas para todo lo que venga. A las duras y a las maduras.

A mi parecer, uno de los males endémicos de nuestra sociedad es la falta de valentía. Nadie nos educa para el afrontamiento. Preferimos poner excusas antes que tomar una decisión, posicionarnos y dar un «No» como respuesta. Nos falta una buena dosis de madurez, así como recursos personales para sostener el silencio y la incomodidad, y para tolerar el llanto del otro. Y el resultado es una sociedad con escasa o nula capacidad para manejar situaciones emocionalmente impactantes. No sabemos reaccionar ante la desdicha ajena porque nadie nos enseñó a hacerlo, así que nos toca invertir tiempo en justificarnos y en evitar situaciones incómodas, o bien tirarnos a la piscina y aventurarnos a aplicar involuntariamente lo que podríamos titular como el manual de «todo lo que no debes decirle a una persona en situación de crisis o duelo». Ante situaciones incómodas, sin pretenderlo, acabamos verbalizando sandeces y crueldades, tiramos del refranero, caemos en todos los tópicos, minimizamos o normalizamos aquello que le causa gran dolor al otro… En nuestro intento por ayudar, sin quererlo, provocamos el efecto contrario: dañamos o desconcertamos aún más con nuestras comparaciones: caemos en la tendencia de entrar en competición para ver quién es más desgraciado, y contamos nuestros dramas propios en vez de escuchar a la persona afectada, y un largo etcétera.

A mi modo de ver, se trata, una vez más, del temor que nos causa ser nosotros mismos. Tenemos tan arraigados el miedo al qué dirán y el temor a la evaluación negativa que acabamos presentando dificultades para comprometernos con alguien de forma altruista, sin pensar más allá del aquí y el ahora. Desconfiamos de las personas nuevas que se cruzan en nuestro camino, por miedo a que nos dañen o a que se quieran aprovechar de nosotros, así que nos limitamos a marcar distancias. Nos protegemos, nos sumergimos en excusas vacías y nos refugiamos en este ritmo de vida frenético que llevamos hoy en día. Pero, tarde o temprano, afortunadamente, aparecen las personas adecuadas, en el momento perfecto, y nos hacen bajar la guardia.

Cuando llegan a nuestra vida, no hay lugar a dudas: son los elegidos, aquellos a los que, sin siquiera pensarlo, les permitimos acceso total a nuestro círculo íntimo, aun a riesgo de quedar expuestos y salir heridos. Porque la vida es para vivirla y sabemos distinguir cuando alguien vale la pena. El balance de riesgo-beneficio aquí no aplica. Tu cuerpo y tu alma ya te indican si alejarte o acercarte a ese alguien nuevo, que te atrae como un imán. Al fin y al cabo, somos seres energéticos que se transforman y evolucionan dentro de un campo electromagnético.

Pero, dejando a un lado la física cuántica, no creo que me sea posible hablar de amistad sin hacer referencia al concepto que he mencionado anteriormente de «calidad humana» y que tan imprescindible me parece. Para mí, ambos conceptos van íntimamente ligados: amistad y aportar calidad como seres humanos. De la misma manera que no me parece posible ser un buen profesional si no se dispone de una base ética y moral, tampoco creo posible ser un verdadero amigo, confiable y valiente si no se es primero una buena persona. ¿Una reflexión algo ingenua? Es posible. ¿Una visión demasiado categórica? ¿O dicotómica en exceso? Probablemente. Aun así, esta es mi visión del mundo y mi deseo es compartirla con aquellos que me lean, con la esperanza de poder aportarles algún matiz nuevo o distinto.

Naturalmente, las precisiones que podemos hacer al respecto de estas últimas afirmaciones son infinitas, y cierto es que el mundo está lleno de profesionales implacables de gran éxito cuyas conductas son éticamente muy cuestionables. ¿Son buenos en su campo de acción? Sí. ¿Pueden ser exitosos y millonarios? Sí. ¿Pueden ser carismáticos y resultar fascinantes, tremendamente atractivos y seductores? También. Pero nunca serán excepcionales. Me gusta pensar que eso se reserva solo a los pocos que de verdad aman lo que hacen y parten del respeto y la honestidad para conseguir sus objetivos. Estos son quienes consiguen alinearse con su propósito en la vida y se elevan por encima de cualquier tiburón. Porque los escualos pueden ser feroces depredadores y pueden imponerse, pero no perdamos de vista lo evidente: los tiburones no vuelan. Y no todo es océano. Su corazón empobrecido los limita y les veta el acceso a niveles superiores de plenitud, abundancia y autorrealización.

En mi escala de valores, la bondad, en todo su esplendor, ocupa un indiscutible primer puesto. Es mi valor supremo. Es lo que rige mi vida, y todo gira en torno a ella. Es lo que me transmitió mi abuela sin pretenderlo, pues era pura bondad, y es lo que transmito a mis hijos, de palabra y, especialmente, a través de mi comportamiento. A este valor le sigue de cerca la alegría de vivir. Al contrario de lo que se cree, la bondad y la alegría se contagian y lo tiñen todo de luz. La bondad es intrínseca en nuestra naturaleza, es innata, no hace falta aprenderla. Somos buenos por naturaleza (a excepción de unas pocas personas que nacen con rasgos psicopáticos y de frialdad emocional, imposibles de reconducir). Así pues, la gran mayoría somos buenos por definición. Simplemente, a veces hay que desaprender conductas adquiridas que son menos buenas. La bondad es un rasgo muy profundo, que no se propaga por simpatía tan fácilmente como lo hacen una sonrisa o un bostezo. Pero es genuina en nosotros y solo hay que rescatarla de las profundidades y traerla a la superficie. Es nuestra responsabilidad asegurarnos de que prime por encima del miedo, que es el que a menudo aniquila nuestro instinto altruista.

Entonces, recapitulando, estaremos de acuerdo en que la convención social establece que es sencillo disfrutar de tus amistades cuando las aguas están en calma.

Pues permitidme que discrepe.

De hecho, a la hora de conectar con los demás, nos resulta mucho más sencillo si lo hacemos desde el dolor en vez de hacerlo desde la felicidad, porque disponemos de más ejemplos y porque tendemos a caer en la queja y el victimismo con gran facilidad. Estamos programados genéticamente para huir del dolor y no para buscar el placer, la felicidad o alcanzar la autorrealización. Eso nos lleva a normalizar que abunde lo negativo sobre lo positivo, la escasez sobre la abundancia, las desgracias por encima de las bendiciones. Nos reconforta recrearnos en nuestro sufrimiento y, sorpresivamente, a menudo identificamos erróneamente las malas rachas de otro como oportunidades para evocar todo aquello que no hemos digerido aún y que nos une en desgracia con la persona afectada. Y esa conexión desde lo negativo es muy fuerte, porque nos recuerda nuestra capacidad de resiliencia y de superación. Aquello para lo que estamos programados como depredadores: vencer las adversidades del entorno. Apuesto a que este grado de mutación que hemos alcanzado los seres humanos desde nuestros orígenes ha fulminado todo modelo predictivo que se pudiese haber formulado sobre la evolución de la especie.

Basándome en mis propias vivencias, en cuanto a amistad se refiere, lo que realmente me parece complejo —y un gran reto— no es conservar los amigos en épocas complicadas, sino encontrar personas que se alegren por ti de manera auténtica y genuina. Esa es nuestra carencia. Aprender a celebrar los logros de los demás como si fuesen propios. Porque las buenas noticias, buenas noticias son. En cambio, por alguna razón nos cuesta encajar y nos escuece el éxito de los demás. En este sentido, la capacidad de agradecer lo propio y lo ajeno, así como alcanzar a comprender que el éxito de uno es el éxito de todos, me parece un aprendizaje de vida tan básico como difícil de integrar de forma global en el inconsciente colectivo.

Nos educan para cosechar el éxito y cuantificarlo. Desde la primera infancia, nos comparan continuamente y nos juzgan por nuestros resultados. Y el producto de todo ello es una dinámica de interacción social en la cual acabamos teniendo una experiencia muy sesgada por los celos, la envidia y por la urgencia de ser mejores que los demás o de llegar antes al objetivo. Todo este funcionamiento tan perverso de mantenernos en modo de lucha e hipervigilancia no solo es innecesario —porque ya no vivimos en las cavernas—, sino que nos dificulta aceptar, abrazar y respetar el propio ritmo; nos sumerge en una dinámica de autoexigencia muy poco amable, así como nada saludable con nosotros mismos, que nos impide disfrutar del éxito de los que nos toman la delantera. Eso nos ciega y no nos permite inspirarnos y aprender de ellos, ya que lo vivimos como una agresión, una provocación o un desafío.

Y yo me pregunto: ¿es amistad si hay envidia? Todos deseamos que a nuestros amigos les vaya bien y lo deseamos de corazón. Pero ¿qué pasa cuando les va mucho mejor que a nosotros? ¿Qué pasa si destacan más de la cuenta y consiguen resultados tan extraordinarios como poco probables que nos rompen los esquemas? ¿Eso nos alegra o nos incomoda? ¿A caso nos da... miedo? ¡Y he aquí la rivalidad!

A mi alrededor, quiero personas que sean capaces de aceptar gente creativa y comprometida consigo misma y con lo que han venido a hacer a este mundo. Anhelo amigos a quienes se les empañen los ojos al verme destacar. Sin comparaciones. Que tengan capacidad para celebrar mis logros sin sentirse heridos, sin sentir que son menos que yo. Personas sin complejos, que no sientan que van tarde porque van a un ritmo distinto. Amigos que comprendan que el éxito es ilimitado y que, por consiguiente, que yo triunfe no significa que me esté apoderando de la porción que les tocaría a ellos.

Si yo subo, no significa que ellos bajen. Podemos subir juntos: hay sitio para todos. Cada uno tiene su misión y la abundancia es ilimitada. Nuestra capacidad para hacernos más libres y más exitosos es infinita. No hay un cupo máximo de personas autorrealizadas en este planeta. Así que asumamos el éxito de nuestros amigos con gozo, satisfacción y orgullo de pertenecer a su círculo. En definitiva, arrimémonos a esas personas con las que podemos ser nosotros mismos a tiempo completo.

En algún lugar oí que la envidia es cuando uno posee algo valioso que otro desea tener también, pero sin estar dispuesto a dar a cambio todo el esfuerzo y la dedicación que el primero invirtió. ¿Somos malas personas por sentir que nosotros también merecemos lo que otros consiguen? Definitivamente, no. De hecho, observar los resultados de los demás, a menudo, nos ayuda a identificar y clarificar lo que en realidad deseamos conseguir, especialmente cuando no se dispone de un plan de vida concreto. Para evitar frustraciones futuras, es importante tomar en consideración la inversión de tiempo y dedicación que requiere cada objetivo que nos marquemos. No caigamos en la trampa de pensar que quien ya ha conseguido lo que nosotros anhelamos tuvo la posibilidad de alcanzarlo por un golpe de suerte. La suerte no existe. Pero sí existen la acción inspirada, la constancia y la entrega, enfocadas a atraer lo que queremos manifestar en nuestras vidas. Cada uno se trabaja su suerte y se construye su propia realidad. Dicen que los sueños se madrugan o, como en mi caso, se trasnochan, ya que soy un ser nocturno. Pero sobre lo que no hay duda es de que perseguir los sueños tiene un precio e implica postergar asuntos a los que no nos apetece renunciar.

En mi opinión, la amistad es un constructo altamente complejo, en el cual entran en juego multitud de variables tan dispares como pueden ser la atracción interpersonal, la conexión emocional, la cercanía en el trato, la calidez en la interacción, la apariencia física, la voz, el olor corporal, la energía y el vigor, la educación, los valores, la formación académica, el intelecto, la madurez, las aficiones y motivaciones personales, las experiencias pasadas y un largo etcétera. Y todo ello, irremediablemente, nos condiciona y hace que una persona nos suscite más o menos interés.

A lo largo de los años, voy comprendiendo que la amistad, al igual que el amor, es una constante en la vida. Pensar que la amistad permanece ahí siempre —como algo abstracto e invisible que nos acompaña y se va encarnando en distintas personas de manera cíclica— me ha facilitado el proceso de elaborar y superar la pérdida de amistades significativas, que se han ido desdibujando por el camino. ¿El motivo de la ruptura? Ninguno en concreto. Sin enfados, sin discusiones, sin enfrentamientos. Simplemente, distanciamientos que se precipitan por haber dejado de vibrar a frecuencias similares. No solo se trata de cruzarse con la persona indicada, sino que también debe coincidir el momento perfecto en el que el nivel de maduración de ambos sea similar.

Pero no te apures: donde hubo una persona que parecía irreemplazable, habrá otra nueva que te hará cuestionarte dónde estuvo escondida todo este tiempo.

La amistad se forma de manera ilógica. No entiende de edad, ni de género, ni de clase social, ni de culto, ni de orientación sexual, ni tan siquiera de idiomas ni de territorios. Algunas veces se va tejiendo poco a poco, y otras, en cambio, aparece de repente, evidenciando una conexión tan fuerte que no puedes dejar de conversar con ese alguien. Es esa fascinación que nos aporta la novedad y que nos lleva a seguir indagando en busca de todos los puntos en común. Y te sorprendes a ti mismo, estableciendo un vínculo sin pretenderlo con alguien que no te hubiese suscitado ningún interés en otro contexto, pero que, por «CAUSAlidades» de la vida, el universo ha colocado en tu senda. «CAUSAlidades», sí, porque creo que nada ocurre de forma azarosa.

Os aseguro que, en ocasiones, me ha resultado muy difícil poner distancia con almas a las que creía mis gemelas cuando ya se había evidenciado que era necesario tomar caminos distintos. A mayor conexión emocional, más riesgo de desarrollar dinámicas posesivas y vínculos afectivos fusionados, que te hacen cada día menos libre y más esclavo de los conflictos de lealtad. Pero me alegra y me enorgullece decir que, en mi caso, siempre he sido valiente en mis decisiones y coherente con mi sentir y con mi intuición. Y disfruto de esa agradable sensación de saber que he obrado desde el amor propio y desde el respeto a mí misma, por encima de todas las cosas y de todas las personas.

Me mantengo firme y sigo en el proceso de obligarme a improvisar, a ir a la aventura y a dejarme llevar, porque ¿qué es lo peor que podría pasar? En la vida, o ganas, o aprendes. Y ambas me parecen buenas opciones.

Como decía antes, a mi parecer, la amistad simplemente va mudando de piel, de cuerpo, de forma…, pero permanece. Es como la materia, que se transforma, pero nunca se destruye. Podemos cerrar círculos y poner fin a las relaciones, o que nos dejen en la estacada, pero el día menos pensado aparecerán en tus sueños y tomaréis un helado. Las personas significativas que te marcaron durante alguna etapa de tu vida siempre pueden colarse y hacerte una visita, ya sea en tu mente consciente —porque una situación, un lugar o un olor te conecta con ellos— o en tu inconsciente —mientras duermes o cuando te quedas ensimismado—.

De todas las personas que se cruzan en nuestro camino y que nos causan un impacto, solo unas pocas se convertirán en libros completos o en pura poesía. El resto de ellas ocuparán únicamente unos pocos capítulos; otras serán microrrelatos, y otros representarán un simple esbozo sin terminar. Aunque te resistas a creerlo, sucederá que aquellas personas con las que compartes tu día a día durante una etapa concreta de tu vida y que te parecen insustituibles, con el paso de los años, solo podrás recordarlas brevemente en la bibliografía, como una cita, una frase textual que se te quedó grabada para siempre, pero que no fue lo suficientemente intensa como para impulsarte a mantener el contacto.

Para mí, la amistad es muchas cosas, pero, sobre todo, es sinónimo de «fiabilidad». Es tener la certeza absoluta de que puedes contar con una persona y confiar en ella, sin excepciones, sin miedo al juicio. Sentir que somos valiosos, amados y lo suficientemente buenos para merecer compañía y amistad, sin necesidad de ser perfectos.

Si entramos más en detalle, la amistad es aceptación, es apoyo, es consuelo, es alivio, y consiste en aligerar la carga del que sufre. Es intercambio, es reciprocidad y es compartir. Es afecto, es contacto físico. Es importarle a alguien y que, cuando algo te sucede, tengas personas que te vengan a la mente, a quien te apetezca contárselo. Así pues, también es comunicación, compañía, complicidad, y a la vez es silencio, es refugio, un sostén. Es paciencia, es empatía, es escuchar. Y, cómo no, es seguridad, es confort, es confianza y es lealtad. Pero lo que también debe incluir la amistad es el componente de flexibilidad y de adaptabilidad: esa capacidad de captar cuando uno necesita que le ofrezcan una visión realista y objetiva de la situación y cuando a uno le hace falta una visión totalmente parcial y sesgada que le dé la razón sin cuestionamiento alguno, hasta que sea capaz de llegar a esa fase en la que ya pueda dejar la rumiación a un lado para ampliar sus miras y escuchar a quien le ponga los pies en la tierra.

Y a riesgo de repetirme, la amistad es también valentía. Porque, cuando una persona a la que apreciamos entra en una dinámica que no le hace bien, la amistad debe ser confrontación con la realidad. Porque todos hemos necesitado en algún momento que nos paren los pies y nos digan aquello que no queremos escuchar, para poder así reconducir el rumbo.

Y en algunos momentos miro hacia adentro y me pregunto: ¿seré yo misma digna de ser mi propia mejor amiga? ¿Acaso cumplo yo mis propios estándares de amistad? Las circunstancias lo dirán, pero os puedo asegurar que trabajo cada día por realzar mis virtudes, mejorar mi apertura, rebajar mi competitividad e incrementar mi tolerancia y mi capacidad de mandar compasión a quien no la demuestra.

Así que, si eres una persona talentosa, enhorabuena. Eso es un gran regalo; agradécelo y ocúpate de no ocultar ni disimular nunca tus dones. No tengas miedo de brillar; no empañes tu luz por no herir u ofender a tus amigos. Este tipo de ocultaciones no solo no les ayudará, sino que te estarás perjudicando a ti mismo, al no permitirte ser quien eres. Así que sé honesto contigo y con los demás. Muéstrate, déjate conocer, experimenta, goza y di que sí a todo aquello que te emocione. Aunque te dé miedo.

Y si, por el contrario, aún no has descubierto tus dones o te han vendido que eres torpe o poco creativo, también te doy mi enhorabuena. Porque es más fácil de lo que nos han contado: simplemente, asegúrate de divertirte. Porque, al gozar y dedicar tiempo a aquellas actividades que te hacen disfrutar, tus dones naturales y tus talentos aflorarán con facilidad. Y tarde o temprano, te relajarás y cesarás en tu búsqueda de la amistad verdadera, y dejarás de lado el perfeccionismo. No se trata de rebajar las expectativas, sino de descubrir que tu círculo de apoyo ya se ha formado de manera espontánea, una vez tras otra para renovarse, para purificarse y ajustarse a tus necesidades de crecer, evolucionar y de adquirir nuevos aprendizajes. Verás con tanta claridad que tu tribu siempre te ha estado aportando tal riqueza y variedad que, por fin, serás capaz de confiar. Soltarás el control y dejarás de aferrarte a personas concretas. Dejarás de resistirte al cambio y aprenderás a soltar lo antiguo para dejar entrar lo nuevo. Igual que cuando revisas tu fondo de armario y dices adiós a algunas prendas porque te quedan grandes, te resultan incómodas, están desgastadas, te oprimen o, simplemente, ya no van con tu estilo de vida.

Para concluir, me doy permiso para dedicar estas líneas a los grandes descubrimientos que he ido haciendo a lo largo de los años en materia de amistad:

A las personitas que marcaron mi primera infancia: María, Jennyfer.

A la que se convirtió en una especie de prima adoptiva: Nunne.

A la que estuvo desde el principio pero no se volvió imprescindible hasta la adolescencia: Davínia. Esa prudente pero inconsciente persona que se aventuró a marcharse de casa con diecinueve años para compartir piso con una adolescente perdida, sin ingresos y en pleno duelo por la muerte repentina de su padre, y con una madre en estado crítico que, afortunadamente, vive para contarlo. Gracias a ti y gracias a tus padres por permitirte que me salvases y me ayudases a fingir que todo estaba bien, para poder reconstruirme por dentro. Gracias infinitas. Y gracias, Uri, por llevártela a vivir lejos, para que me viese obligada a aprender que podía seguir adelante yo sola, sanando y evolucionando. Y gracias también por haber regresado. Pero, sobre todo, gracias por cuidarla y por hacerla feliz.

A todos aquellos que en alguna etapa de mi vida me habéis hecho sentir que os conocía desde siempre: Natàlia, Aulix, Noe, Massaló, Marc, Vane, Jessica, Anna, Núria y Lau.

A las que aún no conozco en persona pero que, curiosamente, conocen mejor que nadie todos mis anhelos más elevados, mis sueños más locos, mis temores más profundos, mis inseguridades más recurrentes y mis creencias más limitantes: Xisca, Gemita e Ireangel.

Y para finalizar, gracias a las personas que nunca elegí y durante años incluso rechacé. De las que renegué durante toda mi infancia y adolescencia, pero con las que, afortunadamente, me reencontré tras transitar cada una nuestra maternidad: Evona y Mimi. Somos tres. Sin vosotras, nunca me hubiese convertido en la hermana mediana perfecta que soy hoy. Os adoro.

Y, cómo no, gracias a los que fui a buscar porque sentíamos que aún no estábamos todos: Valèria y Aran. Lo que nos une es mucho más que amistad.

ALBA LLORENS

@alba_llorens_oficial

Alba Llorens, nacida en Girona en 1982, es licenciada en Psicología y dispone de una amplia experiencia en la rama de la psicología judicial (especializada en Psicopatología Legal, Forense y Criminológica, así como en Peritaje Grafopsicológico, Documentoscopia y Sociolingüística Forense). En la actualidad, se encuentra focalizada en su primer proyecto literario en solitario. Hasta la fecha es coautora de varios libros colectivos tanto del género de ficción como de no ficción.Suele perder la noción del tiempo escribiendo, tomando fotografías y pintando acuarelas de temática botánica. Su interés por la escritura proviene de la fascinación por los cuentos que inventaba su padre a la hora de ir a dormir. Empezó a escribir con seis años y, desde entonces, sigue convencida de que no hay nada más emocionante que tomar el control para elegir lo que va a suceder en la historia que se desea contar.

REFERENCIAS BIBLIOGRÁFICAS

Carroll, Lewis (1865; ed. de 2004). *Alicia en el país de las maravillas.* Alianza Editorial, Madrid.

Issa, Maite (2022). *Tu éxito es inevitable: Manifiesta lo que deseas y mereces en todas las áreas de tu vida.* Editorial Grijalbo, Barcelona.

JOSÉ LUIS ÁLVAREZ

CINCO PARADAS DE VERANO

«He aprendido que estar con aquellos que
me gustan, para mí, es suficiente».
Walt Whitman

Parada 1

Montevideo, verano de 1963
Luisito fue mi primer amigo, aunque nunca lo supo. Debía de rondar los ocho o nueve años cuando yo tenía cuatro. Venía a mi casa para que mi madre, que era maestra, lo ayudara con alguna tarea de la escuela. Cada vez, antes de irse, desprendía una hoja doble del centro de su cuaderno, sacaba del bolsillo de su camisa un lápiz con goma de borrar en la extremidad y dibujaba ante mis ojos admirados el personaje de la tele que le pidiera. El pato Donald, el ratón Mickey y Super Ratón son los tres que aún puedo ver como si los tuviera delante.

El momento más feliz de mis tardes de verano —todos mis recuerdos de infancia transcurren en verano— era aguardar la llegada de Luisito. Todavía no sabía leer la hora, pero me había dado cuenta de que siempre venía después de la segunda o tercera vez que pasaba el barquillero tañendo su triángulo. En cuanto escuchaba la primera tanda de tintineos, empezaba a experimentar la dicha de tener un amigo. No podría decir si aquel deleitable ínterin duraba veinte minutos o una hora.

Mientras ellos trabajaban en la mesa de la cocina, yo los espiaba. Aguardaba con impaciencia el momento en que él se levantaba y decía: «¿Dónde está Pepito?». Entonces, yo salía de mi escondite y corría a su encuentro, y él me preguntaba: «¿Ya sabés a quién querés que te dibuje hoy?». Yo miraba un instante hacia el techo fingiendo que lo estaba pensando. En realidad, lo tenía decidido desde la noche anterior.

Un día, Luisito me invitó a su casa —que quedaba al lado de la mía— para mostrarme un cuadro que estaba pintando. Era un cartón muy grande, surcado de líneas y números como un mapa de carreteras. Cuando lo miré de cerca, logré distinguir, dibujada con trazos apenas más gruesos, la escena del pesebre. Mi amigo ya había pintado el manto de la Virgen de un color azul que parecía irradiar luz. Mientras contemplaba maravillado el intrincado mosaico de formas que componían la estampa, las decenas de minúsculos tarros de pintura numerados y la colección de pinceles de diferentes tamaños, me prometí que algún día yo también pintaría cuadros.

La imagen del nacimiento me recordó una cuestión que me traía perplejo desde hacía algún tiempo. Aprovechando la oportunidad, solté sin más: «¿Cómo sacaban a los niños de la barriga de la madre cuando todavía no existían los hospitales ni las operaciones?». La madre de Luisito me miró con los ojos grandes como platos. «Nunca lo había pensado». Al cabo de un rato, agregó: «Eso, mejor, se lo preguntás a tu madre. Seguro que ella lo sabe».

Hacia la mitad del verano, mi madre enfermó y la tuvieron que operar. Algunos días después, murió en el hospital. Luisito no volvió a venir a mi casa. De un único zarpazo, el destino me había arrebatado a mi madre y a mi amigo. Ya nadie volvió a hacerme dibujos.

Tardé mucho tiempo en llenar el doble vacío que quedó. Cuando estaba solo y me aburría —mi hermano no me servía como compañía porque era poco más que un bebé—, entraba a la biblioteca y me ponía a revolver los libros. Todavía no había aprendido a leer, así que pasaba las páginas en busca de láminas a color o cualquier tipo de dibujo. Había uno que tenía impresa en la tapa la silueta amarilla de unas manos femeninas sobre fondo negro sujetando en alto un bebé. Me gustaba porque eran los colores de Peñarol, mi equipo de fútbol. Examiné una vez más las ilustraciones —las había mirado mil veces sin que me llamaran la atención— y, por primera vez, comprendí lo que representaban. Allí estaba la respuesta a la pregunta que no tuve la oportunidad de hacerle a mi madre, como me lo había recomendado la de Luisito. Descubrí con estupefacción, y por mí mismo, de qué manera venían los niños al mundo. Uno o dos años después, cuando ya había aprendido a leer, supe que el libro se titulaba *El parto sin dolor*.

Varias veces, mientras estaba en la calle cazando bichos peludos, jugando a la rayuela o al escondite con los niños del barrio, me crucé con Luisito entrando o saliendo de su casa. Invariablemente decía: «¿Cómo estás, Pepito?», y seguía de largo. Pese a ello, yo albergaba la esperanza de que algún día me invitara a ver el cuadro del pesebre terminado y que, quizá, volviera a hacerme dibujos. Ninguna de las dos cosas ocurrió.

Cuando terminó el verano y empecé a ir a la escuela —la misma donde había enseñado mi madre—, mi padre compró una casa y nos mudamos a otro barrio. Fue como dar vuelta a la página. La época idílica de la primera infancia quedó grabada en mi memoria con todos sus detalles —los que se borraron, como los otoños e inviernos, no dejaron ningún vestigio—. Las imágenes de mi madre y Luisito quedaron pegadas, juntas, en la misma hoja que acababa de pasar.

La siguiente vez que vi a Luisito fue en una parada de autobús. Habían pasado casi veinte años y él seguía idéntico a como lo recordaba. Me acerqué y, cuando le dirigí la palabra, se sorprendió. Le tuve que explicar quién era, y solo entonces me reconoció. No hubo un abrazo ni apretón de manos. «¡Este reencuentro tenemos que celebrarlo por todo lo alto!», exclamé con la voz quebrada por la emoción. Él desvió la mirada hacia la avenida y esbozó una sonrisa. «¿Cómo estás, Pepito?», fue su respuesta a mi invitación. Mantuvimos un diálogo anodino durante algunos minutos hasta que llegó su autobús. «Fue un gusto verte», me dijo mientras subía al vehículo. Desde el segundo escalón se volvió y agregó: «Siempre me acuerdo de tu madre». El autobús se puso en marcha y se alejó. A mi amigo entrañable nunca lo volví a ver.

Durante el resto del día, estuve angustiado por cómo se había desarrollado mi encuentro con Luisito. Después, la angustia cedió el paso a la perplejidad. Para entonces, ya contaba con una dilatada experiencia de vida, cuya parte esencial era el resultado de mi terco empeño en desentrañar los misterios del amor. No me había sobrado curiosidad ni motivación para ocuparme de los resortes de la amistad; quizá porque esta, contrariamente al amor, siempre me había «caído del cielo» y no representaba un desafío.

Muchos años después, cuando me interesé seriamente por la filosofía, me encontré con los tres rasgos característicos que Aristóteles había identificado en la amistad: «semejanza», «reciprocidad» y «confianza». Ninguno de ellos estuvo presente en mi relación con Luisito. ¿Cómo, entonces, llamar a aquel vínculo que dejó una huella tan profunda en mí? Soñaba con ser como él; era mi modelo. Mi gratitud por la atención que me prestó, siendo él un niño talentoso y yo un chiquillo ordinario, seguiría vigente incluso después de enterarme de que para él yo nunca había sido otra cosa que el hijo de la maestra. Lo único que existió entre nosotros fue una fuerte admiración unilateral. Reflexionando sobre ello, me di cuenta de que todos mis amigos, tanto actuales como pasados, poseían al menos un aspecto digno de mi admiración. Así que, para que se ajuste mejor a mi trayectoria vivencial, me he atrevido a agregar una cuarta característica a la tríada propuesta por el filósofo: la «admiración».

Es muy probable que, en la Atenas del siglo IV a. C., tal osadía me hubiera valido la expulsión inmediata del Liceo y quizá incluso el destierro por ostracismo.

Parada 2

Montevideo, verano de 1966

En el nuevo barrio, después de la escuela y la multitud de actividades accesorias a las que mi padre nos inscribió a mi hermano y a mí, toda la vida social transcurría en la calle. En mi cuadra había muchos niños y yo jugaba con todos. A algunos, no sé muy bien por qué, no los consideraba amigos. Cuando llegaba mi cumpleaños, mi padre decía con su impenitente acento español: «Invítalos a todos». Aun así, yo elaboraba una lista que solo incluía a aquellos con quienes tenía más afinidad. Pese a ello, la docena de niños y niñas seleccionados eran demasiados para dar cabida al afecto individual.

La única fuerza que nos unía —incluso dentro del grupo de los escogidos— era la «semejanza», que a su vez estaba determinada por dos circunstancias contingentes: teníamos más o menos la misma edad y vivíamos en la misma calle.

Funcionábamos como un club y mi casa, sin una madre que pusiera límites, era nuestro local social. Hacíamos teatro de títeres, que nosotros mismos fabricábamos; organizábamos sesiones de cine, que consistía en la proyección de los cuadros fijos de un cómic copiados con tinta china sobre una tira de papel manteca; fabricábamos pólvora para hacer cohetes, con los ingredientes que, sin cuestionar, nos vendía la farmacia. También cometíamos todo tipo de fechorías, que entonces eran percibidas como algo natural y hasta simpático, como si los actos vandálicos fueran la manifestación inevitable de impulsos atávicos que la educación aún no había acabado de aplacar. En la sociedad actual, después de que el estado de bienestar e internet le pusieran fin a la «cultura de la calle», aquellas travesuras de infancia resultarían inadmisibles.

La transgresión continua de las líneas rojas marcadas por nuestros mayores y el orden público, en conjunción con el pacto de silencio que tales acciones implicaban —nunca hubo una delación, ni siquiera cuando alguno de nosotros fue sorprendido *in fraganti*—, demostró ser lo que considero el quinto ingrediente de la fórmula de la amistad verdadera: la «complicidad».

Entre los amigos de aquel periodo existía una semejanza —aunque era bastante rudimentaria— y un fuerte componente de complicidad. Mi concepto de «amistad» había, sin duda, evolucionado desde mi ilusoria relación con Luisito, pero aún le faltaba mucho antes de alcanzar su forma más acabada.

Parada 3

Montevideo, verano de 1970
Cuando cumplí doce años, mi personalidad empezó a diferenciarse de la identidad colectiva del grupo. Una de las causas fue el inicio de la pubertad; otra fue el comienzo de la escuela secundaria. Pero el factor que más influyó en mi transformación fue el encuentro con la literatura. Creo que cualquier gran novela de las que leí después

hubiera ejercido sobre mí el mismo embrujo; el azar quiso que la primera fuera *El príncipe y el mendigo* de Mark Twain.

Intenté compartir con mis amigos mi descubrimiento y les ofrecí prestarles libros —en mi casa había cientos—. Quería a toda costa hacerles conocer las maravillas de vivir otras vidas, en otras épocas y lugares. Pensaba que mi entusiasmo sería contagioso. Me equivoqué. Ninguno manifestó interés por el tesoro que les estaba ofreciendo. Prefirieron seguir rompiendo farolas y cazando pájaros a hondazos. Mi decepción fue mayúscula. El vínculo de semejanza que me había unido a ellos durante años se disolvió de la noche a la mañana y mi casa dejó de funcionar como un club.

Por raro que parezca, mi naciente pasión por la lectura no me impulsó a la escritura. Antes debía cumplir con la promesa que me había hecho a mí mismo en la casa de Luisito. Así que empecé a tomar clases de pintura, y las habitaciones que habían sido teatro, taller y laboratorio se convirtieron en atelier. Las personas que pasaban frente a mi casa se detenían a respirar los embriagadores efluvios de la esencia de trementina que emergía por puertas y ventanas. Pocos sabían de qué se trataba.

Parada 4

Montevideo, verano de 1973

Tenía quince años cuando a mi pasión por la lectura y la pintura se le sumó, de manera inesperada, la navegación a vela. El Yacht Club Uruguayo atravesaba una situación financiera desesperada y, entre otras medidas draconianas, había decidido abrir un corto periodo de franquicias. Durante ese tiempo, los nuevos socios quedaban eximidos del pago de la acostumbrada —y astronómica— cuota de admisión. Mi hermano y yo formamos parte de la oleada de jóvenes de clase media que aprovechamos la extraordinaria oportunidad.

El atractivo más visible del club era, sin duda, su elegante piscina en medio de una extensión de césped bien cuidado, sobre la cual destacaban grupos de poltronas con sus correspondientes mesas y sombrillas rojas y blancas. Me costaba creer que aquellas lujosas instalaciones, que hasta entonces solo había visto en las películas, se hallaran a mi disposición. No era consciente de que la crisis económica que había arrasado la tesorería del club, tarde o temprano, acabaría por engullirnos a todos, incluidos los socios vitalicios que habían pagado la cuota de admisión. Mejor así. De nada hubiera servido empezar a sufrir por adelantado.

Algunos meses antes de hacerme socio del Yacht Club, el presidente de turno había dado un golpe de Estado en complicidad con los militares. Pensé entonces que solo duraría unos meses y todo volvería a ser como antes. Mi ingenua predicción no hubiera podido ser más errónea. La dictadura militar le dio el tiro de gracia a la socialdemocracia de la que tan orgulloso se sentía mi padre, y el año 1973 inauguró el periodo más nefasto de la historia del país. Y de la mía propia. Los efectos de la dictadura y de la crisis del petróleo no los padecí en carne propia hasta después de terminado el verano, cuando empezaron las clases y me vi obligado a asomar la nariz fuera de la burbuja de lujo y hedonismo en que había caído por accidente. No puedo evitar un sentimiento de culpa al confesar que el verano de aquel *annus horribilis* fue para mí tan maravilloso como aquellos en que Luisito venía a mi casa.

Menos rimbombante que la piscina, pero incomparablemente más interesante, me pareció la escuela de vela que albergaba el club. Cuando atravesé el umbral de aquel modesto local semioculto en un hangar en medio del varadero y vi sus estanterías llenas a rebosar de cartas náuticas e instrumentos de navegación, me sentí Alí Babá entrando a la cueva de los ladrones. Como una idea siempre trae otra, imaginé las aventuras de Simbad el Marino —y mil otras— al alcance de mi mano.

Después de darnos unos chapuzones en la piscina, mi hermano y yo nos inscribimos a las clases de navegación. Pasamos una semana desenredando cabos y practicando intrincados nudos antes de ganarnos el derecho de posar los pies sobre la cubierta de un barco. Allí coincidimos con algunos jóvenes que, al igual que nosotros, habían llegado al club atraídos por la franquicia. Había otros que eran socios desde que habían nacido y cuyos padres poseían barco. Ellos ya sabían hacer los nudos náuticos y se regodeaban de vernos a los nuevos sufriendo con lo que parecía un castigo.

La disciplina que reinaba en la escuela de vela cuando estaban los instructores era como debe de ser —imagino— en la Marina. Pero, en cuanto no había ningún instructor a la vista, todos nos relajábamos y se establecía una atmósfera en apariencia de gran camaradería. Digo «en apariencia» porque pronto resultó evidente que entre los socios franquiciados y los vitalicios se erigía un muro invisible pero infranqueable, como el de Berlín.

El concepto de las clases sociales no era nuevo para mí. Era el tema de *El príncipe y el mendigo* y de otros libros que había leído. Mi padre, que había llegado de España en los años treinta, no se cansaba de elogiar las políticas de orientación socialdemócrata que habían hecho de nuestro país el más alfabetizado y menos clasista de América Latina, entre otros muchos logros. Pero no por conocer su existencia o porque en otros países fuera más pronunciado el clasismo me resultó menos devastador cuando me di de bruces contra él. Paradójicamente, de aquella sutil segregación de la que yo y otros éramos objeto, nacieron los primeros vínculos de amistad verdadera que conocí.

El hecho de sentirnos distintos actuó como agente de cohesión entre los franquiciados de la escuela de vela. A los niños del barrio solo nos unía la vecindad y los intereses comunes a todos los niños. En cambio, ahora, la consciencia de clase actuaba como un filtro que reducía considerablemente el círculo de candidatos a amigos. En segundo lugar, nos ligaba una misma y única pasión bien definida, que era la navegación a vela.

Con el paso de los días, y sin proponérnoslo, el grupo se fue reduciendo. Mi hermano superó a una velocidad fulgurante todas las etapas de la instrucción náutica y fue reclutado por el equipo de competición. Esto le permitió saltar el «Muro de Berlín» y lo distanció para siempre de los que nos quedamos al otro lado. Nuevas semejanzas, aparte de las iniciales, así como rasgos y destrezas complementarios fueron saliendo a la superficie, y el grupo se fue consolidando hasta adquirir su forma definitiva.

Al final, solo quedamos cuatro: Osvaldo, el erudito; Alfredo, el deportista fortachón; Ariel, el rico desclasado y «alma sensible», y, por último, yo, que, al ser un año mayor que el resto, pronto fui catalogado de «hombre de experiencia». Lo cierto es que experiencia, en el sentido que ellos le atribuían, aún no tenía ninguna —a no ser que lo leído en los libros contara como tal—. Es verdad que, las veces que había surgido el tema del sexo durante nuestras primeras conversaciones, yo había exhibido sin cortapisas mis conocimientos en la materia. Ese hecho debe de haber reforzado la falsa creencia inicial.

Evidentemente, mi conocimiento sobre el sexo era enciclopédico. El responsable de tal bizarría había sido mi padre. Una noche, poco después de cumplir trece años, estaba yo en la cama leyendo cuando irrumpió en mi habitación y depositó sobre mi mesilla de noche un libro bastante desvencijado. «Ahora que has dejado de ser un niño, te convendría leer esto», me dijo y, así como entró, se fue. Las tapas del libro estaban amarillentas y tenían manchas de humedad, y los bordes de las páginas estaban comidos por la polilla. Mis mejillas hirvieron cuando leí el título: *El matrimonio perfecto: estudio de su fisiología y su técnica*. Había sido escrito en los años veinte por el médico holandés T. H. van de Velde. A juzgar por su aspecto, mi padre debió haberlo comprado cuando era muy joven.

Al día siguiente, en parte por pudor y en parte porque no me tentaba en absoluto abandonar el confort de la niñez —no al menos a los ojos de mi progenitor—, se lo devolví. «Acá te dejo tu mamotreto. No me interesa ni un poquito», le mentí.

Nunca había visto el mencionado libro en la biblioteca, pero no me resultó muy difícil descubrir dónde lo guardaba mi padre. Cada vez que me quedaba solo en casa, sacaba el «mamotreto» de su escondite y lo estudiaba con vehemencia. Lo hacía más por curiosidad —como estudiaba el funcionamiento de un cohete o del cuerpo humano— que por su eventual utilidad futura. Al cabo de dos semanas, lo había terminado. Fue por aquella época que comencé a leer ciencia ficción.

La precoz lectura sobre un tema que entonces apenas empezaba a cambiar su piel de serpiente milenaria definió desde el principio mi rol dentro de aquel grupo de personalidades heterogéneas que se hallaba en formación.

Aquel fue el último verano que me pareció tan largo como la parte restante del año. Cuando llegó el invierno, los cuatro amigos íbamos al club los fines de semana a jugar al pimpón. Así descubrimos que los domingos por la tarde en el edificio no había nadie, ni siquiera estaba el cuidador del vestuario. Ello nos dejaba la vía libre para usar las duchas sin límite de tiempo, contrariamente a los diez minutos de reloj que el cuidador hacía respetar a rajatabla.

La sala de duchas era semicircular, y entre ellas no había separación. Allí pasábamos mis amigos y yo horas enteras durante las tardes de borrasca y frío polar, conversando y disfrutando de aquel manantial inagotable de agua caliente —es uno de los pocos recuerdos placenteros que tengo del invierno—. El vapor que llenaba la sala era tan espeso que nos impedía vernos. Nos sentíamos como senadores romanos en las termas. Osvaldo nos contaba las aventuras de Ulises, de Magallanes, del Quijote y las bíblicas —desde los siete años no había hecho otra cosa que leer obras cultas; una vez, leyó *El país de las sombras largas,* que narra la historia de una familia de esquimales, y nunca volvió a sentir frío—. Alfredo hablaba de halterofilia y motocrós, y nos describía el éxtasis que provocaba escuchar a Pink Floyd bajo el efecto de los hongos alucinógenos —en eso, él era un adelantado; los demás apenas habíamos osado fumar un cigarrillo a la salida de algún baile—, y nos trataba de «gallinas» por no atrevernos a imitarlo. Ariel nos contaba cómo era la vida de los ricos —la cual observaba más de fuera que por dentro desde que su tacañería congénita se agudizó y fuera desclasado—: sus excursiones en Europa, los cruceros por el Nilo y otros lugares idílicos… A veces, cuando se ponía sentimental, nos confesaba —por enésima vez— su amor imposible por una de sus compañeras de clase, hija de un diplomático extranjero.

Cuando llegaba mi turno, lo que más me entusiasmaba era resumirles a mis amigos las historias de ciencia ficción que me habían impactado a lo largo de años de afición al género. Al igual que había sucedido antes con los niños de mi barrio, pensaba que nunca conseguiría transmitirle al resto del grupo mi pasión por la ciencia ficción. Sin embargo, sin que yo hubiera vuelto a mencionar el tema, un día Osvaldo me pidió que le prestara alguno de los libros que había leído últimamente. Ese mismo día le llevé a su casa *Mundo Anillo* de Larry Niven. Cuatro años después, Osvaldo había devorado cuanto libro de ciencia ficción existía en español.

Aunque estaba prohibido, también hablábamos de la dictadura y los militares —milicos—. Sabíamos que, si alguien nos escuchaba y nos denunciaba —delatores había por todas partes y cualquiera podía ser uno—, nos llevarían presos o nos harían «desaparecer», como a tantos otros. Era un riesgo insensato, pero nos proporcionaba el pico de adrenalina tan buscado como irresistible a nuestra edad.

Algún tiempo antes del golpe de Estado, cuando todavía nadie creía en su posibilidad, el Gobierno y los militares orquestaron una redada para cazar tupamaros —integrantes del movimiento de liberación nacional— que denominaron «operación Rastrillo». Amparados en el estado de excepción, allanaron miles de hogares en busca de sediciosos o cualquier material comprometedor. Mi casa quedó patas arriba, pero los soldados no encontraron el lote de libros proscritos de mi padre. Uno de ellos era *La guerra de guerrillas* de Ernesto «Che» Guevara. En cuanto los milicos se fueron, lo saqué de la parte alta del ropero y lo leí de un tirón.

Parada 5

Montevideo - Río de Janeiro, verano de 1978
Nuestro grupo de cuatro llegó a alcanzar un nivel de fraternidad intelectual que me parecía —y me sigue pareciendo— imposible de superar. Los años pasaron y nuestras vidas tomaron rumbos diferentes. Pese a ello, nuestro vínculo de amistad nunca se vio interrumpido. Y perdura hasta el día de hoy.

Un par de meses después de cumplir diecinueve años, fui con mis amigos al estreno de *Star Wars*. Al salir del cine, me despedí de ellos. Había llegado la hora de dejar a un lado los libros y empezar a adquirir experiencia en el mudo real, con «seres de carne y hueso», como decía Unamuno. Para ello, debía irme a otro país; había pasado casi toda mi adolescencia bajo la sombra siniestra de la dictadura y ahora necesitaba respirar aire nuevo.

Al día siguiente, me subí a un bus que me llevó a Río de Janeiro. Al cabo de un mes, ya comprendía el idioma y era capaz de hacerme entender. El problema era que ya casi no me quedaba dinero. Un día, llegó a la habitación de cuatro camas que compartía con dos brasileños un argentino que se llamaba José María. Era cuatro años mayor que yo y había huido de su país para no hacer la colimba —el servicio militar obligatorio—. Igual que yo, José María no soportaba más el flagelo de vivir bajo la dictadura militar, que había golpeado a su país tres años después que al mío. Nos sentimos identificados de inmediato.

Con José María conocí la amistad más pura e intensa de mi vida. Juntos fumábamos, salíamos con chicas, buscábamos trabajo de cualquier cosa —sin papeles, no podíamos aspirar a más—. Pero, sobre todo, tejíamos sueños de un futuro luminoso en la Cidade Maravilhosa que ambos habíamos elegido para vivir, tan distinta de las que nos había asignado el destino. Juntos pasamos frío —también en Río hace frío durante algunas semanas del invierno—, pasamos hambre y estuvimos a punto de tener que mendigar. Entre nosotros existía admiración mutua, semejanza, reciprocidad, confianza absoluta, complicidad y un «algo más» que en aquel momento no logré identificar. Ese algo era —ahora lo sé— la «adversidad compartida».

Suiza, febrero de 2023

JOSÉ LUIS ÁLVAREZ

 joseluisalvarezescritor
 joseluis.coitinho@gmail.com

José Luis Álvarez nació en Montevideo en 1958. Cuando alcanzó la mayoría de edad, fuertemente influenciado por la lectura de *Siddhartha* de Hermann Hesse, inició un periplo por diversos países de América y Europa con la intención de «descubrir el mundo y conocerse a sí mismo». Al cabo de cuatro años de viajar y realizar trabajos de la más diversa índole, regresó a su país y cursó estudios de Ingeniería. Después de dos décadas en el ejercicio de su profesión en España y otros países, decidió abandonar la tecnología para consagrarse a una actividad «más afín al ser humano». En la actualidad, reside en Suiza, donde se desempeña como logoterapeuta y *coach* existencial de la escuela de Viktor Frankl, de la cual es miembro activo. Apasionado de la literatura desde su infancia, José Luis ha participado en diversos talleres y foros de escritura. Desde su juventud se ha dedicado a escribir cuentos y relatos en una búsqueda continua de un estilo propio y, a día de hoy, continúa trabajando en nuevos proyectos literarios, aunque hasta el momento toda su producción permanece inédita.

EPÍLOGO/AGRADECIMIENTOS

Nuestro agradecimiento a quienes nos han apoyado y animado en la consecución de este libro. A Rubén Turienzo, por su amabilidad y dedicación en la elaboración del prólogo; a Roger Domingo, por orientarnos con su experiencia editorial en este camino de la escritura, por habernos puesto en contacto y mostrado la posibilidad de llevar a cabo proyectos literarios colectivos, y a Arcopress, por convertir en material tangible nuestro trabajo. Muchas gracias.

OTROS TÍTULOS
DE LA COLECCIÓN

15
M I R A D A S
a la
S O L E D A D

Amparo A. Machí, Antoni M. Lluch, Antonia Portalo,

Antonia Peiró, Cruz Galdón, Francisco Abián,

Fran Guillén, Irene Arnanz, Katja Borngräber,

Mar del Olmo, Marianna Nessi, Nuria Hernández,

Rafael Guerrero, Silvia Edo Llobet y Simón Hergueta.

Prólogo de Roger Domingo.

QUINCE AUTORES EXPONEN, DESDE UNA ÓPTICA DIFERENTE
Y PARTICULAR, EL FENÓMENO DE LA SOLEDAD.

«Quince voces únicas, unidas por un mismo objetivo:
descifrar la soledad. Desfragmentarla. Hurgar en lo más hondo
para hablarle cara a cara, con franqueza, sin miedos y a calzón
quitado, para ayudar y ayudarse», del prólogo de Roger Domingo.

ISBN: 978-84-17828-72-1

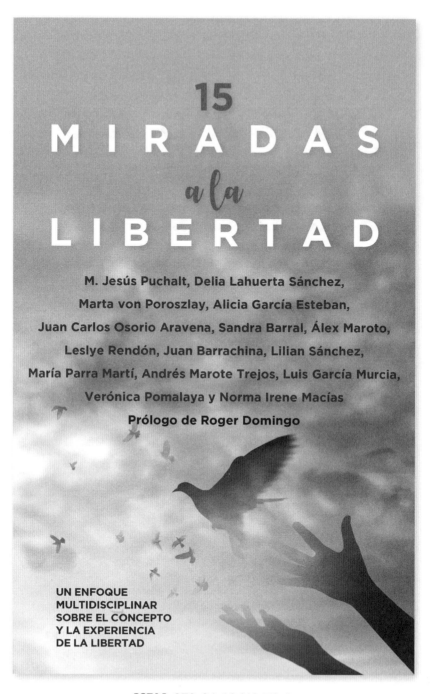

15 MIRADAS a la LIBERTAD

M. Jesús Puchalt, Delia Lahuerta Sánchez,
Marta von Poroszlay, Alicia García Esteban,
Juan Carlos Osorio Aravena, Sandra Barral, Álex Maroto,
Leslye Rendón, Juan Barrachina, Lilian Sánchez,
María Parra Martí, Andrés Marote Trejos, Luis García Murcia,
Verónica Pomalaya y Norma Irene Macías

Prólogo de Roger Domingo

UN ENFOQUE
MULTIDISCIPLINAR
SOBRE EL CONCEPTO
Y LA EXPERIENCIA
DE LA LIBERTAD

ISBN: 978-84-18648-79-3

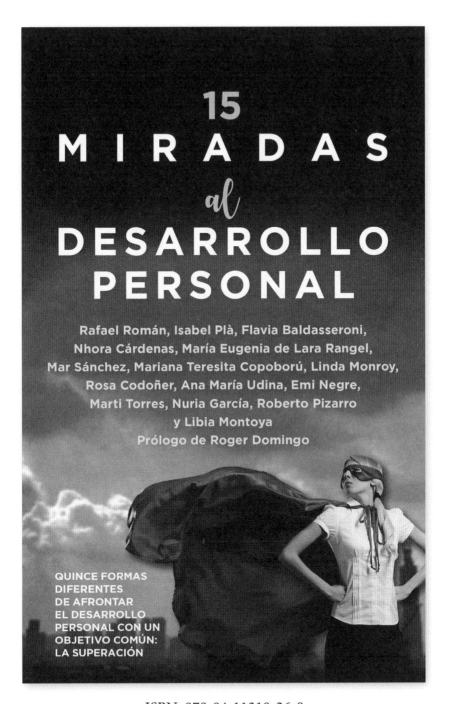

15
MIRADAS
al
**DESARROLLO
PERSONAL**

Rafael Román, Isabel Plà, Flavia Baldasseroni,
Nhora Cárdenas, María Eugenia de Lara Rangel,
Mar Sánchez, Mariana Teresita Copoború, Linda Monroy,
Rosa Codoñer, Ana María Udina, Emi Negre,
Marti Torres, Nuria García, Roberto Pizarro
y Libia Montoya
Prólogo de Roger Domingo

QUINCE FORMAS
DIFERENTES
DE AFRONTAR
EL DESARROLLO
PERSONAL CON UN
OBJETIVO COMÚN:
LA SUPERACIÓN

ISBN: 978-84-11310-26-0

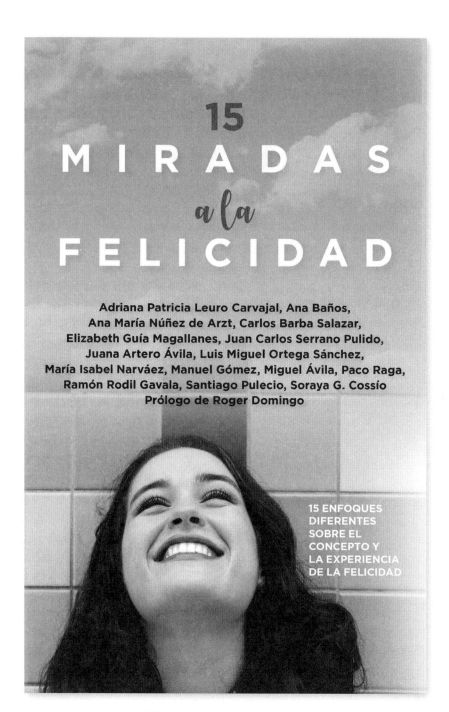

15

MIRADAS

a la

FELICIDAD

Adriana Patricia Leuro Carvajal, Ana Baños,
Ana María Núñez de Arzt, Carlos Barba Salazar,
Elizabeth Guía Magallanes, Juan Carlos Serrano Pulido,
Juana Artero Ávila, Luis Miguel Ortega Sánchez,
María Isabel Narváez, Manuel Gómez, Miguel Ávila, Paco Raga,
Ramón Rodil Gavala, Santiago Pulecio, Soraya G. Cossío
Prólogo de Roger Domingo

15 ENFOQUES
DIFERENTES
SOBRE EL
CONCEPTO Y
LA EXPERIENCIA
DE LA FELICIDAD

ISBN: 978-84-11312-77-6

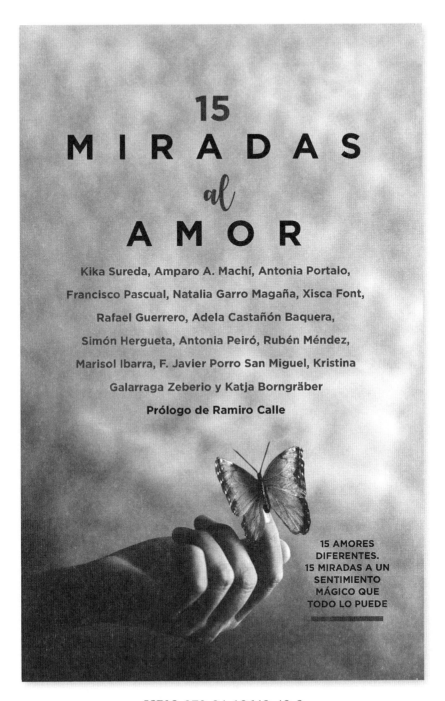

15 AMORES DIFERENTES. 15 MIRADAS A UN SENTIMIENTO MÁGICO QUE TODO LO PUEDE

ISBN: 978-84-18648-48-9